아동·청소년의

분노조절 부모교육

Coping Power: Parent Group Program

Karen C. Wells · John E. Lochman · Lisa A. Lenhart 공저
박준성 역

학지사

COPING POWER: PARENT GROUP PROGRAM FACILITATOR GUIDE, FIRST EDITION
by Karen C. Wells, John E. Lochman, Lisa A. Lenhart

역자 서문

'대처능력 프로그램'에 대해서

하루가 멀다 하고 학교폭력, 청소년 범죄 문제가 언론에 오르내리고 있다. 심각한 청소년 범죄로 인해, 이들에 대한 처벌 면제 나이를 낮추고 처벌을 강화해야 한다는 목소리가 그 어느 때보다 높다. 한편에선 처벌만이 능사가 아니라는 지적도 있다.

범죄와 연관될 정도로 품행 문제가 심한 아이들은 전체 아동 · 청소년의 1% 정도로 추정되지만, 주의력결핍 과잉행동장애이거나 반항적인 아이들은 전체 아동 · 청소년의 10%에 이를 정도로 많다. 이들 중 일부는 어른이 되면서 점차 나아진다고 하지만, 나머지 일부는 어른이 되어서도 자주 다투고 충동적으로 행동하거나 중독에 빠지는 등, 자신뿐 아니라 가까운 사람들까지 고통스럽게 한다. 아마도 언론에서 '분노조절장애'라고 부르는 사람 중 상당수가 어린 시절 이런 행동문제를 보였던 경우가 많을 것이다.

역자는 소아정신과 의사로 지내 온 지난 10여 년 동안 주의력결핍 과잉행동장애, 반항아, 비행 청소년 등 행동문제가 있는 아동·청소년 진료를 꾸준히 해 왔다. 어느 순간 자녀가 말대꾸하고 반항하고 짜증 내는 게 심해지고 사고를 치기 시작하면 대개의 부모는 당황하고 끌려가거나, 더 강압적으로 억누르려고 시도한다. 다행히 이런 시도가 통했다면 큰일 없이 지나갔겠지만, 자녀가 더욱 공격적으로 반응하게 되면 이 가족은 심각한 갈등과 악순환에 빠지는 것을 수없이 봐 왔다. 그래서 수많은 상담이론과 전문가들은 쌍방이 더욱 공격적으로 변해 가는 악순환의 함정에 빠지지 않도록 누차 경고해 왔다. 그러면서 상대방에 대한 존중과 수용을 강조하였다. 존중과 수용은 분명 갈등을 진정시키는 효과가 있다.

하지만 현재 우리나라 아동·청소년 상담 분야의 분위기는 절대적으로 수용 중심적이다. 아동보호 전문기관에 신고하는 학대 의심사례도 매년 증가하고 있으며 아동학대 문제도 청소년 범죄 이상으로 여전히 흔하다 보니, '깃털로도 때리지 말라'며 학대 가능성이 있을 행위를 철저하게 금지하도록 하는 것도 당연하다. 물론 학대는 발생하면 안 된다. 하지만 학대에 대한 우려가 너무 강조되다 보니, 상대적으로 수용적인 양육으로 인해 행동문제가 많아지는 것은 아닌가 하는 걱정도 든다. 부모 카드로 수백만 원을 결제하고, 흉기를 들고, 다른 아이들과 부모를 때리고 협박하는 등 행동문제가 있는 아이들을 많이 봐 온 저자로서, 오히려 부모학대와 노인학대가 우려되기도 한다.

학대가 일어났다면 학대 피해자에 대한 상담과 지원도 필요하겠지만, 가해자에 대한 접근도 이루어져야 학대가 재발하지 않을 것이 아닌가? 역자는 이처럼 문제행동을 보이는 아동·청소년에게 효과가 있다고 검증된 치료기법을 꾸준히 찾아 공부해 왔다. 이 중에 가장 유명한 것은 Alan E. Kazdin의 부모 관리훈련Parent Management Training과 문제해결 기술훈련Problem Solving Skill Training이다. 부모 관리훈련은 부모교육 분야의 표준이라 할 만큼 널리 사용되고 있으며, 처벌보다는 강화와 보상에 초점이 맞추어져 있다. 이 다음으로 널리 알려진 것이 John E. Lochman의 대처능력 프로그램Coping Power Program 이다. Lochman은 원래 1980년대에 18회기의 아동집단 프로그램인 분노대처 프로그램Anger Coping Program(『아동 · 청소년의 분노조절 사회기술훈련』, 학지사)을 개발했다가, 더욱 강력하고 지속적인 효과를 위하여 아동집단의 기간을 34회기로 늘리고 부모집단 요소를 추가한 것이 대처능력 프로그램이다. 대처능력 프로그램은 초중 전환기 청소년들의 분노, 반항, 품행문제를 목표로 개발되었으며, Kazdin의 프로그램보다 인지적 요소를 강조하고, 제재 프로그램이 좀 더 강력한 것이 특징이다. 이 책은 바로 대처능력 프로그램의 부모집단을 진행하는 집단 진행자용 매뉴얼이다.

제재는 자칫 학대로 번질 수 있다는 위험 때문에 언제나 위험하다는 인식과 함께 학자들조차 용어 사용을 꺼려 왔다. 심지어 처벌이라는 용어 대신에 '반응대가response cost'라는 용어를 만들어 사용하기도 했다. 하지만 이미 인류는 제재를 엄청나게 사용해 오고 있다. 어느 나라에나 있는 법체계가 바로 그것이다(아무도 제재가 효과가 있는지 연구하지는 않았지만). 제재는 함무라비 법전, 고조선의 8조법에서도 알 수 있듯이 인류가 글자를 사용하기 시작한 순간부터 써 온 방법이다. 제재의 부작용이 있는 건 분명 사실이다. 제재를 한다고 해서 다 좋아지는 것도 아니고, 오히려 더 나빠지는 경우가 있는 것도 사실이다. 하지만 물건을 훔치고 사람을 죽여도 아무런 제재가 없다면 이 사회는 어떻게 될까? 또 칼이 위험하다고 칼 사용을 금지하면 어떻게 될까?

칼이 위험한 측면도 있지만 적절한 관리를 통해 칼로 인한 위험보다 이익을 극대화하면서 살아가듯이, 인류는 이처럼 위험할 수도 있는 제재를 과학적인 연구를 통해 이러한 우려를 불식시키는 훌륭한 연구결과들을 꾸준히 쌓아 왔다. 『효과적인 치료를 위한 지침서Guide to Treatments that work』(2015)에는 진단별로 각 분야 최고의 전문가들이 제시하는 현존하는 최선의 치료방법들이 있는데, 대처능력 프로그램도 행동문제가 있는 아동 · 청소년에게 효과적인 프로그램으로 소개되고 있다.

행동문제가 있는 아동 · 청소년들을 만나다 보면, 이들이 처한 상황이 너무나 열악하고 복잡하다는 사실에 집단 진행자가 절망하는 경우가 많다. 불안, 우울, 중독, 산만, 트라우마의 요소가 섞여 있는 경우도 너무 많으며, 얼핏 보면 가해자처럼 보이지만 실상은 피해자인 경우도 너무나 많다. 따라서 이들에게는 더욱 정확한 진단과 동반문제의 파악, 연관된 원인과 유발요인의 파악, 약물치료나 상담치료 같은 다른 치료기법과의 조화 또한 매우 중요하다. 또한 적절한 보상, 수용, 인정, 존중과 함께, 적절하면서도 충분한 제재를 알 수 없는 균형 잡힌 접근이 매우 중요하다.

마지막으로 철저한 인지행동치료적 접근을 통해 평범해져 가는 아동과 가족들을 보면서, 이처럼 훌륭한 치료법을 고안해 낸 선배 집단 진행자들과 저를 믿고 따라와 준 아동 · 청소년과 가족들에게 진심으로 감사한다.

2019년

역자 박준성

저자 서문

'효과적인 프로그램'에 대해서

지난 수년간 의료분야에는 놀라운 발전이 있었지만, 정신보건과 행동의학분야에서 널리 받아들이고 있는 수많은 개입법이나 전략 중 연구결과에 따르면, 효과가 없을 뿐 아니라 오히려 해를 끼치는 것은 아닌지 의문이 제기되는 것들이 많다. 하지만 어떤 전략 중에는 현재 근거수준에서 볼 때 매우 효과적이라고 입증되어 일반 대중에게까지 광범위하게 권장되는 경우도 있다. 이러한 혁신이 가능해진 것은 최근 몇 가지 발전이 있었기 때문이다. 첫째, 심리적 · 신체적 병리에 대한 이해가 훨씬 깊어졌으며, 덕분에 새롭고 보다 정확한 개입방법을 개발할 수 있게 되었다. 둘째, 발달문제에 대한 이해가 늘어나면서 발달수준에 따른 적절한 치료법을 제공할 수 있게 되었다. 셋째, 연구방법이 실질적으로 향상되어 내적 타당도와 외적 타당도의 위험성이 줄어들면서 연구결과를 임상상황에 직접 적용할 수 있게 되었다. 넷째, 세계적으로 정부, 보건 시스템, 정책입안자들이 의료의 질이 향상되어야 하고, 의료는 근거기반이어야 하며, 이렇게 하는 것이 공공의 이익에 부합하다고 결론 내렸다(Barlow, 2004; Institute of Medicine, 2001).

물론 새로 개발된 근거기반 심리치료 기법을 배우고자 하는 임상가에게 가장 큰 장애물은 접근성의 문제이다. 이미 최신 행동기법을 알고 환자에게 적용할 수 있도록 숙달되고 책임감 있으며, 양심적인 임상가에게만 워크숍과 책이 도달할 수 있다. 효과적인 프로그램(Programs That Work)™시리즈는 이처럼 새롭고 흥미로운 치료기법을 최전선에 있는 임상가에게 전달하기 위해 최선을 다하고 있다.

이 시리즈의 매뉴얼과 워크북은 특정 문제와 질환을 평가하고 치료하기 위한 과정을 자세하게 단계별로 제공하고 있다. 그러면서도 이 기법을 치료에 적용하려는 임상가를 돕기 위해 슈퍼비전에 가까운 보조자료까지 제공함으로써 단순한 책과 매뉴얼의 수준을 넘어서고 있다.

새로운 의료 시스템에서 근거기반 치료야말로 정신보건전문가에게 가장 신뢰받는 행동규범이라는 공감대가 형성되고 있다. 모든 행동치료를 하는 임상가는 자신의 환자에게 가능한 한 최선의 치료를 해 주길 열망하고 있다. 우리의 목적은 이 시리즈를 통해 치료프로그램을 보급하고, 정보의 격차를 줄이는 것이다.

이 지침서는 대처능력 프로그램 부모집단을 진행하려는 집단 진행자를 위해 만들어졌다. 대처능력 프로그램은 부모에게 자녀의 공격적인 행동을 다루는 방법을 가르쳐 주려는 목적으로 개발된 효과가 입증된 치료법이다. 2년간 16주의 집단회기를 통해 나쁜 행동은 방지하고 좋은 행동은 강화하기 위한 기술을 부모에게 가르친다. 부모는 다양한 훈육기법을 배울 뿐 아니라 공격적인 아동을 양육하느라 겪게 되는 스트레스를 줄이기 위한 전략도 배우게 된다.

이 포괄적인 지침서를 통해 회기별 내용을 손쉽게 따라 하다 보면, 치료법을 부모에게 체계적으로 전달할 수 있다. 이 책에는 예시 글, 역할극 훈련, 숙제 내 주기를 통해 부모와 함께 작업하는 과정을 자세하게 제공하고 있다.

David H. Barlow
Programs That Work™ 편집장
보스턴, 매사추세츠

차례

대처능력 프로그램 1년차

대처능력 프로그램 2년차

CHAPTER 01

부모집단 진행자를 위한 정보 소개

이 프로그램의 배경과 목적

대처능력 프로그램은 향후 청소년기 물질남용과 비행의 위험인자인 아동기의 공격성에 대한 맥락적[1] 사회인지 모형에 기초하고 있으며(Lochman, Wells, 2002a; Lochman, Wells, & Murray, 2007), 아동기의 공격성은 인지행동 개입을 위해 개념적인 뼈대를 잡는 데 유용하다. 이 모형에서는 청소년기의 반사회적 행동과 관련된 두 가지 매개요인을 언급하고 있다. 첫째는 아동 수준의 요인으로(예를 들어, Tremblay & LeMarquand, 2001), 아동의 사회인지 능력과 의사결정 능력이 낮거나, 자기조절 능력이나 또래와의 맥락 인식 능력이 떨어지거나, 또래 압력에 대한 저항 능력이 떨어지는 것이 있으며, 둘째는 맥락적 요인으로, 부모가 아동에게 보호자로서 개입하고 훈육하는 질이 떨어지는 것이다(예를 들어, Wasserman & Seracini, 2001). 인근 지역 내 폭력 수준(Luthar, 1999)처럼 보다 광범위한 맥락상의 위험인자들이 이러한 매개과정과 향후 아동의 행동에 영향을 미칠 것으로 생각된다. 이러한 모형에 기초한 대처능력 프로그램은 주로 사춘기 전 및 초기 사춘기의 공격적인 아동과 부모에게 제공된다.

대처능력 프로그램은 34회기의 아동집단과 그에 상응하는 16회기의 부모집단으로 구성되며, 전체 기간은 대략 16~18개월 정도 소요된다. 연구결과에 따르면(Lochman & Wells, 2004), 부모집단과 아동집단을 함께하도록 강력히 권

1) 행동주의에서 맥락context이란 행동에 선행한 사건과 행동의 결과, 즉 행동을 둘러싼 직전, 직후의 상황을 말한다. 또한 특정 행동을 하게 만든 부모, 가족, 지역, 친구, 학교 환경도 맥락이라고 볼 수 있다. 이처럼 행동을 이해하려면 맥락을 이해해야 한다. 제7장의 ABC모형에서 보다 자세히 설명한다.

하는데, 왜냐하면 그렇게 할 때 가장 효과가 좋기 때문이다. 하지만 경우에 따라 약간씩 수정하면서 단독으로 사용할 수도 있다.

대처능력 프로그램은 대개 초중 전환기에 시행한다. 치료는 대개 중학교 입학 직전(5학년)에 시작해서 중학교 1학년(6학년)까지 진행하는 편이지만, 일반적으로 초등학교 중반부터 중학교 중반, 즉 3~7학년에 진행 가능하다. 더 어리거나 나이가 많은 경우에 사용하려면 다소 수정할 필요가 있다. 이 프로그램은 교사와 부모 평가에서 공격적인 행동문제가 상대적으로 많은 아동 및 적대적 반항장애나 품행장애로 진단된 아동에게 제공한다. 또한 특정 주제가 부모집단과 아동집단에 동시에 나오도록 내용이 구성되어 있다. 하지만 직전에도 언급했듯이, 조금만 수정한다면 아동집단이나 부모집단 중 하나만 따로 시행할 수도 있다.

이 지침서는 대처능력 프로그램 중 부모집단에 대해 집단 진행자에게 설명하며, 다른 동반 지침서는 아동집단에 대해 설명한다. 부모집단 회기는 학교에서 할 수도 있으며, 주민센터나 도서관처럼 지역사회 내의 장소, 또는 정신건강의학과 외래에서 할 수도 있다. 이 프로그램은 주로 집단 형식으로 제공하지만 조금만 수정하면 개인 형식으로 할 수도 있다. 부모집단의 한 회기는 50~75분 정도 걸린다. 부모집단은 보통 6~8명의 부모로 이루어진다. 대처능력 부모집단에서는 이전 연구에서 아동의 문제행동과 관련된 것으로 확인된 부모의 양육을 다룬다.

장애 및 문제의 초점

일부 아동은 정상적인 외현화 행동의 범주에서 벗어난다(Lochman, Barry, Powell, Boxmeyer, & Holmes, 2008). 이러한 문제아동 집단 내에서 공격성은 흔하며, 특히나 걱정스러운 문제이다. **공격성**은 약물남용이나 알코올남용, 비행이나 중퇴, 비행, 폭력 같은 청소년기의 부정적인 결과와 발달경로 상 가장 관련되어 있는 아동기의 문제행동이다(Lochman & Wayland, 1994; Lochman, Powell, Whidby, & FitzGerald, 2006). 아동기의 공격적인 행동양상은 점점 악화되면서 청소년기에 심각하고 광범위한 반사회적 행동이 될 수 있으며(Loeber, 1990), 이런 부정적이고 반사회적인 경로는 성인기의 반사회성 인격장애 형태로 연결될 수도 있다.

따라서 아동기의 공격적 행동은 아동의 미래에 심각하고 부정적인 결과를 예상하게 한다. 하지만 공격적인 행동은 정의상 남에게 해를 끼치거나 상해를 입힐 가능성이 있기 때문에 그 행동으로 인한 부정적인 효과는 본인에게만 미치는 것이 아니다. 오늘날 학교에서 공격적인 괴롭힘은 그것이 언어적이든, 신체적이든, 심리적이든 점점 더 심각한 문제로 인식되고 있다(Rigby, 1996). 괴롭힘이란 피해자를 해치려는 의도로 하는 고의적인 행동이다(Farrington, 1993). 직접적인 괴롭힘의 예로는 때리거나 차기, 물건에 이자붙이기나 훔치기, 이름을 부르며 협박하기, 성추행 등이 있다. 보다 간접적인(즉, 관계 괴롭힘) 형태의 괴롭힘으로는 또래에 대한 소문 퍼뜨리기나 험담하기가 있다(Ireland & Archer, 2004).

공격적 행동의 수준이 높은 아동은 종종 다른 외현화 증상이 있을 수도 있으며, 적대적 반항장애나 품행장애 같은 파괴적 행동장애로 진단될 수도 있다(American Psychiatric Association, 2000).

품행장애는 다음과 같이 정의된다.

* 다른 사람의 권리를 침해하거나 연령에 적절한 사회적 규범 및 규칙을 어기는 행동양상이 반복적이고 지속적으로 나타난다. 이러한 행동은 1) 다른 사람이나 동물에 물리적으로 위협하는 공격적인 행동, 2) 재산 손실이나 파괴를 야

기하는 비공격적인 행동, 3) 사기나 절도, 4) 심각한 규칙위반 등 네 가지로 분류한다. 지난 12개월 동안 특징적인 행동이 세 가지 이상 있어야 한다.

적대적 반항장애는 다음과 같이 정의된다.

* 권위자에 대한 부정적인, 반항적인, 거부적인, 적대적인 행동양상이 최소 6개월 이상 반복적으로 지속되며, 다음의 행동 중 적어도 4개 이상이 자주 나타난다. 이성을 잃고, 어른과 논쟁하고, 적극적으로 반항하거나 어른의 지시나 규칙에 따르기를 거부하며, 다른 사람을 짜증나게 하는 행동을 고의적으로 하고, 자신의 실수나 비행에 대해 남을 탓하고, 예민하거나 쉽게 짜증 내며, 화내고 억울해 하며, 악의에 차 있거나 분개한다.

공격성은 진단에 꼭 필요하지는 않지만, 적대적 반항장애 진단과 관련된 부정적이고 적대적이고 반항적인 행동양상과 동반될 수 있다. 다른 사람이나 동물에 대한 공격성, 재산 파괴, 절도, 사기 같은 보다 심각한 문제행동은 품행장애와 관련된다. 이러한 진단의 유병율은 적대적 반항장애의 경우에는 일반인의 2~16%, 품행장애의 경우에는 일반인의 1~10% 이상에 달한다(American Psychiatric Association, 2000). 또한 적대적 반항장애의 심리 특징 가운데 나중에 사이코패스와 관련이 높은 특징을 확인하기 위한 연구가 진행 중이다(Barry et al., 2000; Pardini, Lochman, & Frick, 2003; Pardini, Lochman, & Powell. 2007). 대인관계 행동패턴이 조작적이고, 충동적이고, 무자비한 청소년은 보통 '냉담하다'거나 '냉정하다'라고 하는데, 흔히 품행장애로 진단된 청소년과는 개념적으로 다르다고 생각된다(Cleckley, 1976; Hart & Hare, 1997). 자기애적 특성을 보이는 아동도 외현화 행동문제를 보일 가능성이 높다(Barry et al., 2007).

적대적 반항장애와 관련된 증상은 해당 연령대의 통상적인 모습보다 심하며, 대개 8세 이전부터 나타나고, 청소년기보다 늦게 시작되지는 않는다

(American Psychiatric Association, 2000). 이러한 증상으로는 화내고 반항하고 짜증내고 적대적인 행동을 보이며, 보통 가정에서 처음 나타난다. 비슷한 발달 수준의 같은 연령대에서 예상되는 정도보다 자주 이런 행동을 할 때에만 적대적 반항장애라고 진단해야 한다. 방화, 무단 침입, 가출 같은 품행장애 증상은 훨씬 심각하며, 취학 전에도 나타날 수 있지만, 대개는 중기 아동기나 중기 청소년기에 시작한다. 덜 심한 증상(예를 들어, 거짓말, 도둑질, 몸싸움)이 먼저 관찰되며, 빈집털이 같은 중간 정도의 행동이 나타나다가, 가장 심한 행동(예를 들어, 강간, 피해자를 대면한 상태에서의 강도)이 보통 마지막으로 나타난다(American Psychiatric Association, 2000). 특히 소아청소년에게 서비스를 제공하는 사람들이 적대적 반항장애의 증상을 아는 것이 중요한데, 왜냐하면 품행장애가 되기 전에 적대적 반항장애였던 경우가 흔하기 때문이다. 게다가 품행장애로 진단된 사람 중 일부에서, 특히 일찍 시작된 경우에는 나중에 반사회성 인격장애로 발달한다(American Psychiatric Association, 2000). 〈표 1-1〉을 보면 DSM-IV-TR에서의 적대적 반항장애와 품행장애 진단 기준을 볼 수 있다.

성별에 있어서 적대적 반항장애는 사춘기 전에는 여자보다 남자에게서 흔하지만 사춘기 이후에는 꽤 비슷해진다. 남자의 경우에는 다투는 행동이 많고 오랜 기간 동안 지속되는 것을 빼고는, 남자나 여자의 적대적 반항장애 증상은 비슷하다(American Psychiatric Association, 2000). 품행장애의 진단율은 아동기 발병인 경우에 유독 여성보다 남성이 흔하다. 미국 정신의학회(American Psychiatric Association, 2000)에 따르면, 품행장애 남자는 보통 '싸움, 절도, 기물 파손, 교칙 위반' 같은 증상을 보이며, 여자는 보통 '거짓말, 무단결석, 가출, 물질남용, 성매매'와 연루된다.

아동기 장애는 단독으로 발생하는 일이 드물기 때문에 아동기 임상군을 치료할 때 동반질환 문제를 고려하는 것이 중요하다(Hinshaw & Lee, 2003). 적대적 반항장애와 품행장애는 종종 주의력결핍 과잉행동장애, 학습 수행 부진 및 학습장애, 내재화 장애(예를 들어, 우울장애, 불안장애)와 함께 관찰된다. 품행장애와 적대적 반항장애를 겪는 청소년 중 50%는 주의력결핍 과잉행동장애로도 진단된다(Hinshaw & Lee, 2003). 게다가 공격성은 주의력결핍 유형에 비해 과잉행동, 충동성 유형의 주의력결핍 과잉행동장애와 밀접하게 연관된다. 적대적 반항장애는 주의력결핍 과잉행동장애와 함께 품행장애 증상이 조기에 발생할 가능성을 높인다(Hinshaw, Lahey, & Hart, 1993; Loeber, Green, Keenan, & Lahey, 1995). 행동문제가 있는 아동은 학업을 중퇴하고 동네에서 비행 청소년이 될 위험이 높다. 게다가 품행문제와 우울 증상이 함께 있는 아동은 품행문제만 있는 아동에 비해 청소년기에 물질남용에 빠질 가능성이 높다.

적대적 반항장애와 품행장애의 진단 기준

〈표 1-1〉에서 적대적 반항장애와 품행장애에 대한 DSM-IV-TR 진단 기준을 제시한다.[2)]

〈표 1-1〉 적대적 반항장애와 품행장애에 대한 진단 기준

적대적 반항장애에 대한 DSM-IV-TR 진단 기준	품행장애에 대한 DSM-IV-TR 진단 기준
부정적 · 적대적 · 반항적인 행동양상이 최소 6개월 이상 지속되며, 다음 중 4개 이상이 존재한다. 1. 자주 욱한다.	다른 사람의 기본권이나 나이에 적절한 사회적 기준 및 규칙을 위반하는 행동패턴이 반복적이며 지속된다. 지난 12개월 동안 다음 중 3개 이상이 존재하며, 지난 6개월 동안 최소 1개가 존재한다.

2) 2013년에 DSM-5가 새로 나왔으나 적대적 반항장애, 품행장애 부분은 DSM-IV-TR과 대동소이하다.

2. 자주 어른들과 논쟁한다.
3. 자주 반항하거나 어른의 요청 및 규칙에 따르기를 거부한다.
4. 자주 고의적으로 남을 짜증나게 한다.
5. 자주 자기 실수나 잘못인데도 남 탓을 한다.
6. 자주 예민하고 다른 사람 때문에 쉽게 짜증 낸다.
7. 자주 화내고 분개한다.
8. 자주 악의에 차 있거나 앙심을 품는다 .

사람과 동물에 대한 공격성

1. 자주 다른 사람을 괴롭히고 협박하고 위협한다.
2. 자주 신체적인 싸움을 건다.
3. 다른 사람에게 심각한 신체 손상을 일으킬 수 있는 무기를 사용한 적이 있다(예를 들어, 방망이, 벽돌, 깨진 병, 칼, 총).
4. 다른 사람에게 신체적으로 잔인하게 대한 적이 있다.
5. 동물에게 신체적으로 잔인하게 대한 적이 있다.
6. 피해자가 있을 때 훔친 적이 있다(예를 들어, 강도, 소매치기, 강탈, 무장 강도).
7. 강간한 적이 있다.

재산 파괴

8. 심각한 피해를 주려고 고의로 방화한 적이 있다.
9. 다른 사람의 물건을 고의로 파괴한 적이 있다(방화를 제외하고).

사기 및 절도

10. 다른 사람의 집, 건물, 차에 침입한 적이 있다.
11. 자주 원하는 것을 얻거나 의무를 피하기 위해 속인다(즉, 사기 치기).
12. 피해자가 없을 때 귀중품을 훔친 적이 있다(예를 들어, 무단 침입이 아닌 가게 물건 훔치기, 문서 위조).

심각한 규칙 위반

13. 13세 이전부터 부모가 금지하는데도 자주 외박한다.

	14. 가정이나 위탁가정에서 최소 2번 (또는 1번의 장기간 동안) 가출한 적이 있다. 15. 13세 이전부터 자주 무단결석 한다.
적대적 반항장애는 발병 연령에 대한 별도의 코드가 없다.	아동기 발병형: 10세 이전에 품행장애 기준 특성 중 최소 한 가지가 시작됨. 청소년 발병형: 10세 이전에는 품행장애 기준 특성 중 어떠한 것도 없었음. 불특정 발병시점: 발병 연령을 모름.
적대적 반항장애는 심각성에 대한 기준이 없다.	경도: 품행문제가 진단 기준은 충족하지만 적고, 다른 사람에게 경미한 피해를 준다. 중등도: 품행문제가 어느 정도 있으며, 다른 사람에 미치는 효과는 '경도'와 '심각'의 중간 정도이다. 심각: 진단 기준을 충족하는 품행문제가 많거나, 다른 사람에게 상당한 해를 끼친다.

이 치료프로그램의 개발 및 근거

대처능력 프로그램과 그 전편인 분노대처 프로그램anger coping program에 대해 꾸준한 연구를 진행하였다. 이 프로그램을 어떻게 사용하고 개별 사례에 적용하는지 보여 주는 사례 연구(Boxmeyer, Lochman, Powell, Yaros, & Wojnaroski, 2007; Lochman, Boxmeyer, Powell, Wojnaroski, & Yaros, 2008)뿐 아니라, 효능 · 효과 · 보급 연구에 대해 기술함으로써 대처능력 프로그램의 근거기반을 제시했다.

분노대처 프로그램에 대한 초기 연구결과

대처능력 프로그램은 대조군이 없는 예비 연구(Lochman, Nelson, & Sims,

1981)에서 발견된 초기의 긍정적인 행동의 변화에서 시작하여 분노대처 프로그램을 개발했던 Lochman 박사와 동료들이 연구개발한 치료법이다. 분노대처 프로그램은 그 후속편인 대처능력 프로그램과 달리 부모집단이 없고, 아동에 대한 개입만 있다. 대조군이 있는 후속 연구에서 76명의 공격적이고 파괴적인 4~6학년 남학생들을 분노대처-목표설정Anger Coping-Goal Setting(AC-GS), 분노대처(AC), 목표설정(GS), 비치료 대조군Untreated Control Condition(UC) 집단으로 무작위 배치하였다(Lochman, Burch, Curry, & Lampron, 1984). AC 및 AC-GS 집단의 남학생은 독립적으로 관찰했을 때 파괴적이고 공격적인 교실 행동이 감소했고 부모가 평가한 공격성이 줄어든 반면, GS 및 UC 집단의 남학생은 1개월 뒤 추적관찰 했을 때 똑같은 측정 결과 더욱 악화되었다. 부모 평가에서도 개선된다는 것은 이 치료법의 효과가 학교 밖으로도 일반화된다는 것을 보여 준다. 이차분석에 따르면, 특정 대상자의 특성이 치료결과를 유의하게 예측한다는 것을 보여 준다. 두 종류의 인지행동 조건 중 행동의 변화가 가장 컸던 남학생들은 처음에는 사회적인 문제해결 기술이 가장 떨어졌다(Lochman, Lampron, Burch, & Curry, 1985). Lochman, Coie, Underwood, 그리고 Terry(1993)는 아동에 대한 치료결과를 예측하는 아동의 특성에 대한 연구에서 분노대처 프로그램부터 채택한 인지행동 및 사회기술 훈련 요소를 포함한 사회관계 프로그램을 치료 직후 및 1년 뒤에 평가했을 때, 공격적-거부당한 아동에는 유의한 효과가 있었으나 거부당하기만 한 아동에는 효과가 없었다고 하였다.

분노대처 프로그램의 예방효과에 대한 3년간의 추적 연구에 따르면, 치료받지 않은 공격적인 집단과 대조적으로 분노대처 프로그램의 남학생들은 마리화나와 약물 사용의 비율이 유의하게 낮았으며, 알코올 사용의 비율도 낮고, 이전에 언급되었던 자존감 향상과 사회적 문제해결기술 호전이 유지되었다(Lochman, 1992). 추적관찰 시 분노대처 집단의 남학생들은 모든 영역에서 공격적이지 않은 남학생들과 비슷한 수준으로 기능했다. 하지만 비행에 대한 장기적인 예방효과는 없었으며, 교실에서의 행동 호전도 사라졌다. 2년 차에 추가치료를 받은 분노대처 집단의 남학생들만 교실에서의 수동적인 딴 짓이 줄어든 채 유지되었다. 이 결과에 따르면, 뚜렷한 교실행동 변화를 유지하기 위해서는 보다 장기적인 치료 기간이 필요하다는 것을 말해 준다. 분노대처 집단의 아동에게서 물질남용이 장기적으로도 줄었다는 점에서 이러한 결과는 특히 고무적이었으며, 공격적인 아동 치료법에 대한 엄격한 문헌고찰 결과 분노대처 프로그램을 유망하고 경험적으로 지지되는 치료법으로 포함하게 되었다(Brestan & Eyberg, 1998; Greenberg, Domitrovich, & Bumbarger, 2001; Leff, Power, Manz, Costigan, & Nabors, 2001). 이처럼 분노대처 프로그램에 대한 일련의 연구를 통해 심각한 반사회적 결과에 보다 지속적인 효과가 있으려면, 광범위하면서도 다중적인 치료법이 필요하다는 점이 확인되면서 대처능력 프로그램을 개발하게 되었다.

대처능력 프로그램에 대한 효능 연구

이 장에서 설명한 대처능력 프로그램에는 아동집단과 부모집단이 있다. 이 프로그램은 이 장의 뒷부분에서 보다 자세히 설명하게 될 맥락적 사회인지 모형에서 나왔다. 대처능력 프로그램에 대한 초기 효능 연구에서 Lochman과 Wells(2002a, 2004)는 노스캐롤라이나 주 더럼에서 183명의 공격적인 남학생들(아프리카계 미국인 60%, 비히스패닉계 백인 40%)을 인지행동적 대처능력 아동집단, 행동적 부모훈련 집단이 추가된 대처능력 아동집단, 치료하지 않는 대조군 집단 등 세 가지 조건 가운데 하나로 임의 배정하였다. 두 가지 치료 조건은 4~5학년에 걸쳐 또는 5~6학년에 걸쳐 시행하였으며, 1년 반 동안 지속되었다. 위험 상태에 대한 선별검사는 11개 초등학교에서 아동의 공격적인 행동에 대한 교사 및 부모의 평가를 반영한 다중출구접근법multiple-gating approach을 사용하였다. 고위험 남학생은 학급 내 모든 학생에 대한 교사의 평가 상 상위 22%에 해당하였다.

1년 후 추적결과에 따르면, 치료한 경우(아동집단, 아동집단+부모집단)에는 고위험 대조군과 달리 아동의 자가보고 상 비행의 감소, 부모보고 상 아동의 알코올 및 마리화나 사용의 감소, 교사평가 상 학교에서의 기능 향상을 보여 주었다(Lochman, & Wells, 2004). 대처능력 프로그램으로 인해 1년 후 부모평가 상 물질남용과 비행이 대조군보다 감소하는 효과는 아동과 부모 요소가 다 있는 완전한 대처능력 프로그램을 받은 부모와 아동에게서 가장 뚜렷했다. 이와 달리, 1년 후 학교에서 교사가 평가한 남학생의 행동 호전은 주로 아동집단에 영향을 받는 것으로 보인다. 경로분석 기술을 이용한 중개분석에 따르면, 1년 후 비행, 부모보고 상 물질남용, 교사평가 상 호전에 대한 두 가지 치료법의 치료효과는 아동의 내적 통제소재locus of control, 부모의 일관된 훈육, 아동의 귀인편견, 아동의 대인지각 기술, 공격성이 효과가 없을 것이라는 기대가 개입에 의해 향상되면서 중개되었다(Lochman & Wells, 2002a).

대처능력 프로그램의 효과 연구

효능 연구에서 이처럼 긍정적인 결과가 나오면, 다음 연구 질문은 다른 상황이나 전형적인 교직원, 교육공무원 같은 사람이 진행해도 대처능력 프로그램이 유사한 긍정적인 효과가 있는지 살펴보는 것이다. 대처능력 프로그램에 대한 효과 및 보급 연구가 몇 개 시행되었는데, 이중에는 공격적인 청각장애 아동(Lochman et al., 2001)과 네덜란드 외래진료실(van de Wiel et al., 2007; van de Wiel, Matthys, Cohen-Kettenis, & van Engeland, 2003; Zonnevylle-Bender, Matthys, van de Wiel, & Lochman, 2007)에서 품행장애 및 적대적 반항장애로 진단된 아동의 공격행동 및 문제해결 기술에 대한 치료효과 연구 등이 있다.

포괄적인 효과 연구에서 대처능력 프로그램(아동집단+부모집단)의 효과는 고위험 아동을 위해 권고되는 예방법으로서 보편적인 교실 수준의 예방법과 비견할 만하다(Lochman & Wells, 2002b). 총 245명의 공격적인 4학년 남녀 학생들(78%가 아프리카계 미국인)을 네 가지 조건 중 하나에 임의로 배정하였다. 아동은 노스캐롤라이나 주 더럼에 있는 17개 초등학교에서 선별되었다. 이전의 효능 연구에 비해 대부분의 학교가 도심의 극빈지역에 있었다. 치료는 5학년 가을에 시작되었고, 대개 담당하는 사례가 많았고, 가정방문할 기회가 부족한 학교의 상담교사나 사회복지사 같은 인원에 의해 프로그램을 진행하였는데, 치료 후에 세 가지 치료 조건(대처능력만, 대처능력+교실개입, 교실개입만)의 경우 대조군에 비해 물질남용의 비율이 낮았다(Lochman & Wells, 2002b). 두 가지 치료를 받은 아동 모두 또래와의 사회적 능력이 향상되었으며, 교사들은 이 아동들의 문제해결 및 분노대처 기술이 엄청나게 늘었다고 평가하였다. 또한 대처능력 프로그램으로 인해 부모 및 교사가 평가하는 주도적인 공격행동이 줄고, 교사가 평가하는 행동 호전이 늘었다. 이 대상을 1년간 추적관찰한 결과, 이전의 효능 연구 결과와 동일했다. 대처능력 집단의 아동은 대조군에 비해 자기보고에서 물질남용과 비행 비율이 낮고, 학교에서 교사가 평가한 공격행동 수준이 낮았다(Lochman & Wells, 2003). 최근 성장 곡선 모형으로 시행한 분석에 따르면, 치료 종료 3년 후에도 학교에서 청소년 문제행동에 대한 긍정적인 치료효과가 유지되고 있다(Lochman et al., 2007).

2번째 유형의 효과 연구에서, 서던 시의 교외 및 시골에 거주하는 아동과 부모에게 단축된 형태의 대처능력 프로그램(24 아동회기, 10 부모회기)을 제공하였다. 학교에서 공격성이 상위 30%에 속하는 아동으로 확인된 240명을 임의로 치료와 대조군에 배정하였다. 5학년에 대처능력 프로그램을 받은 아동은 교사에 의한 외현화 행동평가에서 대조군에 비해 유의한 감소를 보였다(Lochman, Boxmeyer, Powell, Roth, & Windle, 2006). 이는 대처능력 프로그램이 다소 단축된 형태로 다른 상황에서도 전달될 수 있다는 것을 보여 준다.

대처능력 프로그램의 보급 연구

이전에 청각문제가 없는 일반 아동에게 효과가 있었던 대처능력 프로그램을 청각장애 아동에게 사용하기 위해 조정하고 보급하였다(Lochman et al., 2001). 기숙학교의 청각장애 아동을 교사평가를 통해 공격적 행동으로 걸러내서(N=49) 임의로 대처능력 프로그램이나 대기명단 대조군으로 배정하였다. 대처능력 프로그램의 아동은 집단회기에 참석했고, 이들의 교사나 기숙사 직원은 아동을 둘러싼 맥락에 영향을 주기 위한 훈련을 받았지만, 부모를 위한 집단은 없었다. 대처능력 부모집단의 내용을 기초로 교사와 기숙사 직원을 훈련하였으며, 대처능력 아동집단의 내용을 청각장애 아동의 요구에 맞게 조정하였다. 교사의 평가에 따르면, 대처능력 집단의 아동은 대조군에 비해 치료 기간 동안 행동개선을 보였으며(효과 크기: .5), 대처능력 집단의 아동은 사회적 문제해결기술과 의사소통 기술에서 유의한 개선을 보였다. 이러한 소규모 보급 연구에 따르면, 대처능력 프로그램은 소통이 어려운 청각장애 아동처럼 거주 상황의 특별한 대상의 요구에도 맞추어 조정될 수 있다는 것을 의미한다.

파괴적$_{disruptive}$ 행동장애를 가진 네덜란드 아동에 대한 대처능력 프로그램 보급 연구에서, Walter Matthys와 동료들은 Lochman의 내용대로 보다 간략하게 네덜란드 버전을 개발하였다. Matthys는 소아정신과 외래에서 77명의 적대적 반항장애와 품행장애 아동을 임의로 분노대처 프로그램과 통상적인 관리 조건에 배정하여 치료효과를 조사하였다. 두 집단 모두 치료종결 시점과 6개월 후의 문제행동에서 유의한 호전을 보였지만, 대처능력 집단의 아동이 치료 후에 명백한 공격적 행동에서 유의한 감소를 보였다(van de Wiel et al., 2007). 대처능력 프로그램의 진행자가 통상적인 관리 집단의 집단 진행자보다 임상경험이 유의하게 적은데도 대처능력 프로그램의 긍정적인 치료결과가 이처럼 발생했다. 또한 대처능력 프로그램은 비용 면에서도 매우 효과적이라는 것이 밝혀졌다(van de Wiel et al., 2003). 이 표본에 대한 4년 뒤의 추적 연구에 따르면, 대처능력 프로그램은 대조군에 비해 마리화나 및 담배 사용을 유의하게 낮추는 예방효과가 있었으며, 물질남용에 대한 이 치료의 효과가 파괴적 행동장애가 있는 아동에게 오래 지속된다는 것을 보여 주었다(Zonnevylle-Bender et al., 2007).

대처능력 프로그램은 무엇에 기초하고 있는가?

맥락적 사회인지 모형에서의 위험 요인과 원인

아동기 공격성의 원인 연구에서 나온 **맥락적 사회인지 모형**(Lochman & Wells, 2002a)[3]에 따르면, 특정 가족 및 지역사회 배경요인(이웃문제, 모의 우울, 낮은 사회적 지지, 부부갈등, 낮은 사회경제적 지위)이 아동의 외현화 행동 문제에 직접적인 영향을 미치고, 핵심 매개 과정(양육, 아동의 사회인지 및 정서조절, 또래 관계)에 영향을 미침으로써 간접적인 영향도 준다는 것을 보여 주었다(Lochman, Barry, et al., 2008). 한 아동의 발달과정은 아동의 사회적 생태

3) 맥락적 사회인지 모형은 간단히 말해서 아동이 속해 있는 맥락과 환경이 아동의 사회인지에 영향을 미친다는 이론이다.

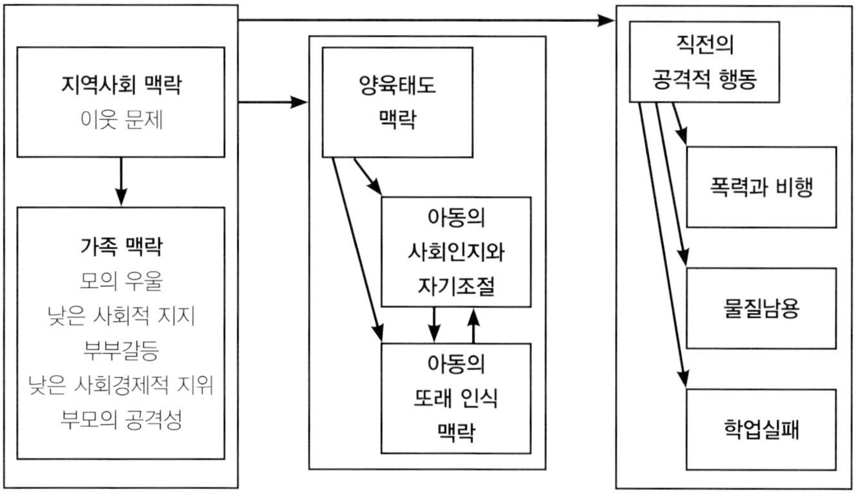

[그림 1-1] 청소년의 반사회적 행동에 대한 인지행동치료 모형(Lochman, 2006)

계 속에서 정해지는데, 즉 아동이 발달하는 데에는 생태적 틀framework이 필요하다(Lochman, 2004). 먼저 생물학적으로 관련된 위험요인을 살펴보고, 그 다음에는 맥락요인을, 마지막으로는 이런 것들이 발달 중인 아동의 사회인지 및 정서 조절에 미치는 영향에 대해 기술하겠다. 이 모형 중 변화 가능한 부모자녀 위험요인이 대처능력 프로그램의 치료목표가 되며, 이러한 위험요소 모형을 사용해서 아동을 평가하고, 다양한 유형의 아동이나 개별 아동에 맞추어 프로그램을 조정하는 데 사용할 수 있다. 맥락적 사회인지 모형(인지행동치료 모형)을 [그림 1-1]에 제시한다.

생물학적 요인 및 기질적 요인

아동의 생물학적 요인과 기질적 요인에 관해서 산모의 알코올, 메타돈, 코카인, 흡연에 대한 노출이나 심한 영양결핍 같은 산전 요인(Brennan, Grekin, & Mednick, 1999; Delaney-Black et al., 2000; Kelly, Davis, & Henschke, 2000;

Rasanen et al., 1999)이 아동의 공격성에 직접적인 영향을 미치는 것으로 밝혀졌다. 하지만 취약성–스트레스 모형에서 공격성은 위험요인과 환경요인 사이의 상호작용의 결과인 경우가 보다 흔하다(Masten, Best, & Garmezy, 1990). 따라서 출산합병증, 유전자, 코르티솔 반응성, 테스토스테론, 비정상적인 세로토닌 수준, 기질 같은 위험요인 모두 아동의 품행문제에 영향을 미치지만, 가혹한 양육, 낮은 사회경제적 지위 같은 환경요인이 있을 때에만 영향을 미친다(Coon, Carey, Corley & Fulker, 1992; Dabbs & Morris, 1990; Raine, Brennan, & Mednick, 1997; Scarpa, Bowser, Fikretoglu, Romero, & Wilson, 1999).

이러한 취약성–스트레스 모형의 사례는 아동 수준의 위험요인에 관한 문헌에 많이 나와 있다. 자간전증, 제대탈출, 겸자분만, 태아저산소증 같은 출생 시 합병증은 나중에 아동이 폭력적일 가능성을 높이지만, 이는 영아가 이후 불우한 가정환경이나 모성 거부를 겪은 후에만 발생한다(Arseneault, Tremblay, Boulerice, & Saucier, 2002; Raine et al., 1997). 청소년 중 높은 테스토스테론 수치와 유발검사 시 높은 코르티솔 반응성은 폭력적인 행동과 관련이 깊지만, 이것도 아동·청소년이 학대가 심한 부모와 살거나 사회경제적 지위가 낮을 때 뿐이다(Dabbs & Morris, 1990; Scarpa & Raine, 2000). 모노아민산화효소A 수준이 낮은 유전자를 가진 아동은 청소년기에 폭력적인 행동을 하는 비율이 더 높지만, 이것도 부모의 학대 수준이 높았을 때에만 그렇다(Caspi et al., 2002). 아동의 기질을 아동 수준의 위험요인으로 조사했을 때에도 비슷한 양상의 결과가 나왔다. 심하게 활동적인 아동(Colder, Lochman, & Wells, 1997), 정서적 반응성이 높은 아동(Scaramella & Conger, 2003), 까다로운 기질의 영아(Coon et al., 1992)는 향후 공격적인 행동이나 품행문제를 보일 위험이 있으나, 이는 부모의 지켜보기$_{\text{monitoring}}$가 소홀하거나 훈육이 가혹할 때에만 해당된다. 아동의 가족맥락은 아동의 잠재된 성향이 반사회적 결과에 이르게 하는 핵심 조절변인 역할을 한다.

맥락적 가족요인

빈곤, 스트레스, 가정불화에 이르기까지 아동의 공격성과 품행문제에 영향을 미칠 수 있는 가족요인은 광범위하다. 아동의 공격성은 부모의 범죄, 물질남용, 우울증과 같은 가족 배경요인(Barry, Dunlap, Cotton, Lochman, & Wells, 2005; Loeber, Stouthamer-Loeber, 1998; McCarty, McMahon & Conduct Problems Prevention Research Group, 2003), 낮은 사회경제적 지위와 빈곤(Sampson & Laub, 1993), 스트레스를 주는 생활사건(Barry et al., 2005; Guerra, Huesmann, Tolan, VanAcker & Eron, 1995), 한부모나 십대 부모(Nagin, Pogarsky, & Farrington, 1997), 부부갈등(Erath, Bierman, & Conduct Problems Prevention Research Group, 2006), 불안정한 혼란$_{disorganized}$ 애착(Shaw & Vondra, 1995)과 관련된다. 이러한 모든 가족 요인은 특히 사회경제적 지위(Luthar, 1999)와 관련되며, 취학 전에 평가된 사회경제적 지위가 낮은 경우 향후 학령기에 교사 및 또래가 평가한 행동문제를 예측했다(Dodge, Pettit, & Bates, 1994). 이러한 광범위한 가족 위험요인은 양육 과정에 영향을 미침으로써 아동의 행동에 영향을 준다.

취학 전부터 시작된 부부갈등은 양육에 지장을 줄 가능성이 있으며, 이는 아동에게 심한 스트레스를 주어 결국 공격성에 기여하게 된다(Dadds & Powell, 1992). 부부갈등이 심한 가정의 자녀는 가족의 사회경제적 지위, 아동의 나이를 통계적으로 조정한 후에도 공격성과 품행장애 같은 외현화 문제에 특히 취약했다(Dadds & Powell, 1992).

양육태도

이러한 맥락적 가족요인 중 일부는 양육에 지장을 줌으로써 아동의 행동에 영향을 미친다. 엄마가 우울하면 점차 일관되지 못한 양육을 하는 경우가 많아지고, 일관되지 못한 양육은 아동의 문제행동에 가까운 매개요인이 된다(Barry, Dunlap, Lochman, & Wells, 2008). 아동의 공격성과 관련된 양육태도(예를 들어, Patterson, Reid, & Dishion, 1992; Shaw, Keenan, & Vondra, 1994)로는 (1) 1세 때부터 줄곧 부모의 반응이 아동의 요구를 만족시키지 못하는 무반응적 양육, (2) 특히 아동의 기질이 까다로운 경우, 걸음마기부터 시작되는 가혹한 부모의 잔소리와 아동의 비순응 사이의 악순환, (3) 가혹하고 일관되지 않은 훈육, (4) 애매한 지시와 명령, (5) 온정과 개입의 부족, (6) 청소년기에 들어가면서 부모의 관리감독 부족 등이 있다.

때리기나 그보다 심한 처벌 같은 부모의 신체적 공격성은 남녀 아동 모두에서 반항적이고 공격적인 행동과 관련된다. 부모의 온정과 개입 수준이 낮은 경우, 신체적으로 공격적인 처벌 방식을 사용하게 한다. Weiss, Dodge, Bates, 그리고 Petit(1992)는 부모의 훈육강도에 대한 평가가 교사의 공격성 및 행동문제에 대한 평가와 양의 상관관계가 있음을 발견했다. 공격성이 높을 뿐 아니라 가혹한 훈육을 경험한 아동은 사회경제적 지위, 부부갈등, 아동 기질의 영향을 통계적으로 조정해도 사회적 정보처리 능력이 떨어졌다. 이러한 양육요인들이 아동의 공격성과 관련되어 있지만, 아동의 행동 또한 양방향으로 양육행동에 영향을 미친다는 것을 아는 것이 중요하다(Fite, Colder, Lochman, & Wells, 2006). 아동의 기질은 양육태도와 아동의 문제행동 사이의 관계를 조절할 수 있다(Colder et al., 1997).

부모의 감독이 부족한 것도 아동의 공격성과 관련이 있다. Haapasalo와 Tremblay(1994)는 친구들과 더 자주 싸우는 남학생들이 싸우지 않는 남학생보다 감독이 적고 처벌이 많다는 점을 발견하였다. 흥미롭게도, 싸운 남학생들은 싸우지 않은 남학생보다 규칙이 더 많다고 했는데, 이는 따르기 어려운 엄격한 규칙을 공격적인 남학생의 부모들이 정했기 때문으로 보인다.

부모의 귀인방식, 자녀의 행동의 원인에 대해 생각하는 방식, 다양한 양육 기술의 효과성 등은 아동기의 공격성과 관련이 있다(Baden & Howe, 1992; Dix & Lochman, 1990). 예를 들어, 품행장애 아동의 어머니는 자녀의 비행을 의도적인 것으로 보고, 그 원인을 어머니가 통제할 수 없는 안정된 아동요인 탓을 하는 경향이 있다. 연구에서도 자녀와 상호작용하는 데 있어서 부모의 문제해결 기술이 떨어지는 것이 자녀의 공격성 및 행동문제와 관련된다는 것을 보여 준다(Pakasiahti, Asplund-Peltola, & Keltlkangas-Jarvinen, 1996).

맥락적 또래요인

학급 내 인종구성 같은 다른 요인도 또래가 거부하는 데 영향을 주겠지만(Jackson, Barth, Powell, Lochman, 2006), 문제행동을 하는 아동은 또래들에게 거부 당할 가능성이 높다(Cillessen, Van Ijzendoorn, Van Lieshout, & Hartup, 1992). 아동기의 공격적 행동과 또래 거부는 청소년기의 비행과 품행문제를 예측한다(Lochman & Wayland, 1994; Miller-Johnson, Coie, Maumary-Gremaud, Bierman & Conduct Problems Prevention Research Group, 2002). 사회적으로 거부 당하면서 공격적인 아동은 공격적이기만 하거나 거부당하기만 한 아동에 비해 훨씬 심한 행동문제를 보이는 경향이 있다. 부모가 관여하는 정도와 아동의 공격적인 행동 사이에 존재하는 쌍방관계처럼(Bry, Catalano, Kumpfer, Lochman, & Szapocznik, 1999), 아동의 공격적 행동과 또래의 거부는 서로 영향을 끼친다(Conduct Problems Prevention Research Group, 2004a). 자신이 실제로 사회에서 얼마나 수용될지 과대평가한 아동은 일부 환경에서 공격적인 행동을 할 위험성이 특히 높다(Pardini, Barry, Barth, Lochman, & Wells, 2006).

이러한 연구결과는 강력하지만 인종과 성별은 또래의 거부와 청소년기의 부정적인 결과 사이의 관계를 조절할 수 있다. 예를 들어, Lochman과

Wayland(1994)는 다인종 학급에서 아프리카계 미국 아동의 또래 거부 평가는 향후 청소년기의 외현화 문제를 예측하지 못했지만, 백인 아동의 또래 거부 평가는 미래의 문제행동과 관련된다는 것을 발견했다. 마찬가지로, 또래 거부는 남학생에게서는 심각한 비행을 예측할 수 있지만, 여학생에서는 그렇지 못했다(Miller-Johnson, Coie, Maumary-Gremaud, Lochman, & Terry, 1999).

품행문제가 있는 아동은 청소년기에 들어가면서 다른 비행 청소년과 사귀는 경향이 있다. 이러한 청소년 다수가 적절한 사회 기술이 없어서라기보다는 친사회적인 또래들로부터 꾸준히 거부당하면서, 결국 이들이 사회적 지지를 받는 유일한 수단으로서 비행 청소년 집단을 이루게 되는 것으로 생각된다(Miller-Johnson et al., 1999). 공격적인 아동이 다른 공격적인 아동과 사귀려는 경향 때문에 또 비행의 보고 배우기 효과나 강화 때문에 공격적인 행동이 유지되거나 악화될 가능성이 높아진다(예를 들어, Dishion, Andrews, & Crosby, 1995). 아동기의 품행문제 중 일부는 비행 청소년 집단에 속함으로써 청소년기의 비행과 연결된다(Vitaro, Brendgen, Pagani, Tremblay, & McDuff, 1999).

맥락적 지역사회 및 학교요인

가족 내 상호작용의 문제, 또래 거부, 비행 청소년 집단에 소속되는 것 외에도 이웃과 학교 환경도 공격성과 비행의 위험요인으로 밝혀졌다(Kupersmidt, Griesler, DeRosier, Patterson, & Davis, 1995). 이웃의 폭력에 노출되어도 아동의 공격적 행동(예를 들어, Colder, Mott, Levy, & Flay, 2000; Guerra, Huesmann, & Spindler, 2003)과 공격성에 대한 믿음(Guerra et al., 2003)을 증가시키며, 중기 아동기에서 사춘기 전까지 반사회적 행동이 발달하도록 영향을 미친다(Ingoldsby & Shaw, 2002). 이웃의 문제는 양육행동에 영향을 미치며 (Pinderhughes, Nix, Foster, Jones, & Conduct Problems Prevention Research Group, 2001), 잘못된 양육태도의 효과를 넘어서 아동의 공격적 · 반사회적 행동에 직접적인 영향을 미친다(Greenberg, Lengua, Coie, Pinderhughes, & Conduct Problems Prevention Research Group, 1999; Schwab-Stone et al., 1995). 일찍 시작된 공격성과 폭력은 이웃의 혼란 및 빈곤과 관련되어 있는데, 이는 부분적으로 사회경제적 지위가 낮고 혼란스러운 이웃과 사는 아동이 잘 감독받지 못하고, 위험한 행동을 더 많이 하게 되며, 우범지대에서 일탈하도록 사회적 압력을 받기 때문이다.

학교에서 학습 요구와 또래의 영향으로부터 좌절을 경험하면서 아동의 행동문제는 더욱 악화될 수 있다. 학급 내에 공격적인 아동이 많으면 개별 학생들의 공격적 행동이 늘어날 수 있다(Barth, Dunlap, Dane, Lochman, & Wells, 2004; Kellam, Ling, Mersica, Brown, & Ialongo, 1998).

사회적 정보처리

아동의 기질과 생물학적 성향뿐 아니라, 가족, 또래, 지역사회에서의 맥락적 경험을 토대로 아동은 사회적 정보를 처리하고(Dodge, Laird, Lochman, Zelli, & Conduct Problems Prevention Research Group, 2002) 정서를 조절하는 안정적인 패턴을 형성하기 시작한다. 분노 같은 정서 반응은 아동이 우수한 자제력을 개발하지 못한다면, 나중에 물질남용과 반사회적 행동의 원인이 될 수 있다(Pardini, Lochman, & Wells, 2004). 맥락적 사회인지 모형(Lochman & Wells, 2002a)은 문제 상황에 대한 아동의 초기 인지적 평가와 인식한 문제에 대한 해결방법을 생각해 내려는 노력, 아동의 생리적 각성[4], 행동 반응 사이

4) 생리적 각성arousal이란, 그 순간 흥분된 상태, 신체적으로나 감정적으로 특정 감정을 느끼고 있는 상태를 의미한다.

의 상호작용을 강조한다. 생리적 각성 수준은 개인의 생물학적 성향에 의해 좌우되며, 사건의 해석에 따라 달라진다(Williams, Lochman, Phillips, & Barry, 2003). 각성 수준은 사회적 문제해결에 영향을 미치며, 투쟁 및 회피 반응을 강화하기도 하고, 해결방법을 만들어 내는 것도 방해한다. 상호작용은 지속적이고 서로 주고받는 것이기에 아동 스스로 공격적 행동패턴에서 벗어나기 어려울 수 있다.

공격적인 아동은 들어오는 사회적 정보를 표현하고 사회적 사건과 타인의 의도를 정확하게 해석하는 데 어려움이 있어서 사회적 인지처리 중 **평가단계**에서 인지왜곡을 보인다. 또한 사회적 인지처리 중 문제해결 단계에서도 인지결함을 보이는데, 이는 지각된 문제에 대해 부적절한 해결방법을 제시하고 사회적 문제에 대한 공격적이거나 공격적이지 않은 해결방법에 대해 비정상적으로 예상하는 것을 보면 알 수 있다. 정보처리의 평가단계에서 공격적인 아동은 사건에 관한 적절한 단서를 잘 기억하지 못하고(Lochman & Dodge, 1994), 소수의 단서에 기초해 사건을 해석하며(Dodge, Pettit, McClaskey, & Brown, 1986), 중립적 단서보다 적대적 단서에 선택적으로 주목하고(Gouze, 1987), 순서 상 가장 최근의 단서를 기억하고 이전에 제시된 단서에는 주목하지 않는 것으로 밝혀졌다(Milich & Dodge, 1984). 평가처리의 **해석단계**에서 공격적인 아동은 적대적 귀인편향을 보여 주었는데, 이는 다른 사람들이 자신에게 도발적이고 적대적으로 행동한다고 지나치게 생각하는 경향이 있다는 뜻이다(Dodge et al., 1986; Lochman & Dodge, 1994). 이러한 귀인편향은 주도적으로 공격적인 아동보다 반응적으로 공격적인 아동에게서 더 두드러졌다(Dodge, Lochman, Harnish, Bates, & Pettit, 1997).

정보처리의 **문제해결단계**는 아동이 추구하는 목표에 다가가는 것부터 시작하며, 이는 다음의 처리단계에서 발생할 갈등을 해결하기 위해 생성된 반응에 영향을 미칠 것이다. 공격적인 아동은 공격적이지 않은 아동에 비해 사회적인 목표가 보다 우월하거나 복수지향적이며, 관계 기피적인 것으로 밝혀졌다(Lochman, Wayland, & White, 1993). 네 번째 정보처리 단계는 인식된 문제에 대처하기 위한 잠정적인 해법을 기억으로부터 끄집어내는 생성 과정이다. 이 단계에서 공격적인 아동은 문제해결을 위한 해법의 질과 양 모두에서 부족함을 보인다. 이러한 해법의 차이는 질적으로 가장 두드러지는데, 공격적인 아동의 경우 대인갈등을 묘사하는 가상의 사례에 대해 언어로 주장하는 경우가 적고(Joffe, Dobson, Fine, Marriage, & Haley, 1990; Lochman & Lampron, 1986), 타협하는 경우도 적으며(Lochman & Dodge, 1994), 직접 행동하는 경우가 많고(Lochman & Lampron, 1986), 도움을 청하거나 어른이 개입하는 경우도 많으며(Rabiner, Lenhart, & Lochman, 1990), 신체적으로 공격적이다(Pepler, Craig, & Roberts, 1998). 공격적인 아동의 사회적 문제해결 능력의 결함은 진단분류에 따라 다양하다. 품행장애 진단을 받은 남학생은 적대적 반항장애에 비해 부모나 교사와 갈등하는 사례에서 더욱 공격적이고 반사회적인 해결방법을 제시하며, 또래 갈등에서도 언어적 해법이나 공격적이지 않은 해법이 적다(Dunn, Lochman, & Colder, 1997). 따라서 품행장애 아동은 적대적 반항장애 아동에 비해 다양한 대인관계 속에서 문제해결 능력의 결함이 보다 광범위하다.

다섯 번째 처리단계에는 두 단계의 과정이 있다. 첫째, 만들어 낸 각각의 해법마다 결과를 확인하고, 둘째, 각 해법과 결과를 개인이 원한 결과의 관점에서 평가하는 것이다. 일반적으로 공격적인 아동은 공격적인 행동문제가 없는 아동보다 공격적인 행동을 긍정적으로 평가한다(Crick & Werner, 1998). 공격성이 유용하다는 믿음과 공격적 반응을 성공적으로 해내는 능력은 공격성이 드러날 가능성을 높인다. 왜냐하면 이러한 믿음을 가진 아동은 공격적인 행동이 자신의 목표를 달성하는 데 도움이 될 것이라 믿을 가능성이 높을 것이며, 결국 행동결과에 대한 평가에도 영향을 미칠 것이기 때문이다(Lochman & Dodge, 1994). 이 정보처리 단계에서의 결함은 특히 주도적으로 공격적인 행동패턴의 아동(Dodge et al., 1997)과 사이코패스의 초기 단계에 해당하는 냉담하거나 냉정한 기질을 가진 청소년에게서 특징적이었다(Pardini, Lochman, & Frick, 2003). 최근의 연구를 통해 공격적인 행동의 수용가능성에 대한 이러한 믿음은 사회적인 단서를 비정상적으로 처리하게 만들어서 공격적인 행동으로 이어진다는 것을 발견하였으며(Zelli, Dodge, Lochman, Laird, Conduct Problem Prevention Research Group, 1999), 이는 이러한 정보처리 단계가 단순히 선형효과라기보다 순환효과를 가진다는 것을 보여 준다.

정보처리의 최종 단계는 **행동화** 또는 이전 단계에서 선택한 반응을 보여 주는 단계이다. 공격적인 아동은 긍정적이거나 친사회적인 상호작용에 미숙한 것으로 밝혀졌다(Dodge et al., 1986). 이러한 해석은 긍정적인 행동을 하는 능력을 향상시키면, 친사회적인 행동을 하는 능력에 대한 공격적인 아동의 믿음에 영향을 미침으로써 행동결과에 대한 평가도 변화시킬 수 있다는 것을 시사한다.

사회인지 모형 속에서의 도식

도식[5)]은 공격적인 아동에 대한 인지행동 개입의 기초가 되는 맥락적 사회인지 모형 중 정보처리 단계에서 커다란 영향을 미치는 것으로 여겨진다(Lochman, Magee, & Pardini, 2003; Lochman & Wells, 2004). 도식은 자존감과 자기애(Barry et al., 2008)를 포함해서 타인(Lochman et al., 2003)과 공격적인

5) 도식schema은 행동에 반복적으로 영향을 미치는 생각, 즉 고정관념, 가치관, 선입견 같은 것들을 말한다. 예를 들어, '내가 약해 보이면 애들이 날 무시할 거야.' '해 봐야 안 될 거야.' 등을 들 수 있다.

아동, 자신에 대한 기대와 믿음을 의미한다. 도식은 정보처리 과정 초기에 새로운 사회적 단서를 인지하고 해석할 때, 여러 사회적 단서 중 특정 측면에 아동이 주목하게 만드는 분명하고 직접적인 효과가 있다(예를 들어, Lochman, Nelson & Sims, 1981). 남을 조종하는 것이 중요하다고 믿고, 다른 사람이 자기를 지배하려 한다고 예상하는 아동은 언어적이든 비언어적이든 다른 사람의 통제하려는 신호에 유독 주목하여 호의나 협상하려는 시도는 아마 놓칠 것이다. 도식은 상황에 따라 자신과 타인의 행동에 대해 아동이 기대하는 데 영향을 줌으로써 정보처리에 간접적인 영향을 줄 수 있다. Lockman과 Dodge(1998)는 공격적인 아동은 자신의 공격적인 행동을 지각하는 데 있어 이전의 기대에 주로 영향을 받는 반면, 공격적이지 않은 남학생은 실제 행동으로부터 영향을 받는다는 것을 발견했다.

이 치료프로그램의 위험성과 효용성

일련의 효능, 효과, 보급 연구를 통해 대처능력 프로그램이 아동의 향후 비행, 물질남용, 학교에서의 문제행동을 줄이는 데 유용하다는 근거가 확립되었다. 하지만 이 프로그램을 한다고 해서 모든 아동이 나아지는 것은 아니다. 인종, 성별, 초기 문제행동의 심각도 등 치료 반응이 좋지 않을 것으로 예상되는 특성들과 관련해서 조절요인을 파악해 보려 했지만 확인하지는 못하였으며(Lochman & Wells, 2003, 2004), 이러한 분석은 향후 연구의 주제가 될 것이다. 이 프로그램을 사용하면서 반드시 고려해야 할 위험성은 공격적인 아동을 집단으로 모아 놓는다는 것과 관련된다. 이전 연구에서 반사회적인 청소년을 집단으로 개입할 경우, 때로 청소년 사이에 비행을 따라 해서 결과가 더 나빠지는 의원성 효과가 생길 수 있다는 것이 밝혀졌다(Dodge, Dishion, &

Lansford, 2006). 우리는 대처능력 연구에서 대체로 의원성 효과를 발견하지는 못했지만, 당연히 청소년 집단에서는 또래 사이의 부정적인 영향 때문에 프로그램의 효과가 제한되는 경우가 있다. 이러한 위험성 때문에 집단 진행자는 주의해야 하며, 제2장에서 다시 언급할 것이다.

대안적 치료법들

발달 수준에 따라 다양한 대안적 치료법이 존재하는데(Lochman, Pardini, Phillips, & McElroy, 2005), 여기서 요약하고자 한다.

취학 전 및 초등 저학년

취학 전 및 초등 저학년생을 위해 개발된 프로그램 몇 가지가 긍정적인 결과를 보여 주고 있는데, 이러한 프로그램으로는 놀라운 한 해Incredible Years 프로그램, 부모자녀 상호작용 치료Parent-Child Interaction Therapy, 일찍 일어나는 사람Early Risers, 지름길Fast Track이 있다. Webster-Stratton(1984, 1994)의 놀라운 한 해 시리즈는 치료사가 집단을 지도하고 비디오테이프를 통해서도 부모교육을 배운다. 부모는 사회학습, 아동의 발달원리를 보여 주는 비디오 사례 및 아동이 주도하는 상호작용 놀이, 칭찬, 보상 프로그램, 비폭력 훈육 기술 등을 부모가 어떻게 사용하는지 보고 토의한다. 이 프로그램의 고급 버전에는 부모의 자제력, 의사소통 기술, 문제해결 기술, 사회적 지지, 자기관리를 촉진하기 위한 비디오 사례가 들어 있다. Webster-Stratton은 아동이 비디오테이프를 보고 배우는 프로그램과 교사훈련 교육과정도 개발하였는데, 원래의 놀라운 한 해 부모훈련 프로그램의 효과를 증진시키는 것으로 나타났다

(Webster-Stratton & Hammond, 1997; Webster-Stratton & Reid, 2003).

부모자녀 상호작용 치료 프로그램은 특히 한 가족의 부모와 아동을 목표로 만들어졌는데, 집단 진행자는 부모와 아동이 상호작용하는 중에 실제로 코치 역할을 하도록 한다(Brinkmeyer & Eyberg, 2003). 이러한 코칭을 통해 조작적 조건화에 따라 앞에서 설명한 것과 비슷한 양육기법을 가르치며, 여기에는 아동이 지시에 따르지 않을 때 타임아웃[6]을 적용하는 특별한 방법도 포함된다. 부모자녀 상호작용 치료는 취학 전 아동의 가족에게 가장 흔히 사용된다(예를 들어, 3~6세). 대기자 대조군에 비해 부모자녀 상호작용 치료를 받는 경우에는 아동의 행동, 양육 스트레스, 부모의 통제감에서 유의한 호전이 발견되었다. 게다가 이러한 호전은 치료 종결 이후에도 유지되었으며, 아동의 학급행동에도 일반화되었다.

일찍 일어나는 사람 프로그램은 품행문제(즉, 물질남용, 공격적이거나 파괴적이거나 비순응하는 행동)가 일찍 나타날 가능성이 높은 초등학생(6~10세)을 목표로 한 다중구성 능력증진 프로그램이다(August, Hektner, Egan, Realmuto, & Bloomquist, 2002). 개입하는 구성요소로는 부모교육, 기술훈련, 부모학교 자문, 아동 사회기술훈련, 전략적 또래 개입, 읽기와 수학지도, 교육계발활동 등이 포함된다.

지름길 프로그램은 아동이 초등학교에 들어갈 무렵에 시작되는 포괄적이고 지속적인 다중구성 치료법이다(Conduct Problems Prevention Research Group, 1999, 2002, 2004b). 지름길에는 사회기술집단, 또래와의 짝 활동, 개인지도 등 아동과 작업하는 구성요소가 있다. 또한 부모집단과 가정방문 등 부모와 작업하는 구성요소도 있다. 향후 부정적인 결과가 생길 가능성이 높은 아동을 목표로 하는 프로그램으로, 교사에 의해 제공되는 전반적인 예방 프

6) 타임아웃은 흔히 스포츠 경기에서 잠시 경기를 중단하는 시간을 의미하나, 행동치료에서는 잘못된 행동에 대한 처벌로서 잠시 특권을 제한하는 조치를 의미한다.

로그램을 통해 효과가 증폭된다.

사춘기 전 및 초기 사춘기

문제해결기술훈련(Problem-Solving Skills Training, PSST)은 7~13세 사이의 반사회적 학생을 대상으로 하는 프로그램이다. 아동은 대략 50분 정도씩 25주간 회기에 참석한다(Kazdin, Siegel, & Bass, 1992). 문제해결기술훈련에서는 아동이 매일 맞닥뜨리는 그날그날의 대인관계 상황을 중요시하며, 특히 개인적으로 대인관계 기술의 결함에 초점을 맞춘다. 집단 진행자는 문제에 여러 가지 해법을 만들어 내기, 결과에 대해 생각하기 같은 문제해결기술을 가르친다. 게다가 문제해결기술은 교사, 또래, 형제, 부모와의 대인관계 상황에 적용된다. 효과적으로 문제해결기술을 가르치고 보상해 주기 위해 역할극, 강화, 보고 배우기, 피드백 같은 기술들이 모두 사용된다. 아동에게는 '슈퍼해결사super-solver'라는 과제도 주어지는데, 이 과제를 통해 회기 중이나 밖에서 다른 사람과 배운 기술을 연습하게 된다. 부모의 참여도 훈련에서 중요한 구성요소이다. 부모는 회기를 지켜보면서 보조진행자 역할을 할 뿐 아니라 집에서 새로운 기술을 사용하도록 지도한다(Kazdin et al., 1992). 부모도 부모행동관리 기술을 배운다.

중기 및 후기 사춘기

다중체계치료Multisystemic Therapy는 청소년과 또래, 가족, 학교, 지역사회 같은 다중적인 환경체계와의 상호작용에 초점을 맞추어 청소년의 반사회적 행동에 영향을 주기 위한 개인화된 개입방법이다(Henggler, Melton, & Smith, 1992). 청소년의 비행을 유지하게 만드는 주요 환경요인을 파악하고 가족과 긴밀하게 협조하면서 청소년의 행동을 변화시키기 위한 전략을 개발한다. 자연스러운 가족 환경 속에 서비스가 제공되며, 부모훈련, 가족치료, 학교자문, 부부치료, 개인치료 등 다양한 치료적 접근이 포함된다. 이 치료전략에 사용되는 기술들은 많긴 하지만, 사실상 대부분 행동적이거나 인지행동적이다(예를 들어, 수반성 관리, 행동계약). 임상가는 9가지 다중체계치료 원칙 세트를 따르게 되는데, 여기에는 시스템의 강점에 초점 맞추기, 발달 상 적절한 치료 제공하기, 효과적인 가족 기능을 늘리기 등이 포함된다. 치료하는 내내 임상가가 이 치료원칙을 잘 고수하고 있는지 다중체계치료 전문가가 매주 자문을 통해 면밀하게 살펴본다.

기능적 가족치료 Functional Family Therapy는 가족체계이론과 인지행동치료의 원칙을 조합해서 반사회적인 청소년과 가족에게 개입한다(Klein, Alexander, & Parsons, 1977). 기능적 가족치료의 임상시도는 지난 30여 년간 발달해 왔으며, 가장 최근의 기능적 가족치료 버전은 (1) 참여와 동기, (2) 행동 변화, (3) 일반화의 세 치료단계로 구성된다. 참여와 동기단계에서 집단 진행자는 가족체계 내에서의 부적응적인 믿음을 다루고, 변화에 대한 기대를 높이고, 부정적 성향과 탓하기를 줄이고, 개인적 차이를 존중하게 하고, 가족과 집단 진행자 사이에 강력한 동맹을 구축한다. 행동 변화 단계에서는 확고한 행동개입을 통해 관계 기술을 형성하고, 긍정적인 양육을 증진시키고, 갈등관리 기술을 향상시키고, 부적응적인 상호작용 양상을 줄임으로써 가족의 기능을 향상시킨다. 이러한 행동개입은 각 가족 구성원과 전체 가족관계 시스템의 특성에 맞게 개인화한다. 마지막으로, 일반화 단계에서는 가족이 포함되어 있는 시스템(예를 들어, 학교, 지역사회, 청소년 사법체계)에 영향을 미치는 가족의 능력을 증진시킴으로써 긍정적인 변화를 유지하도록 한다.

청소년 전환 프로그램 Adolescents Transition Program은 문제행동이 심화될 위험이 있는 중학생을 위한 예방적 개입방법으로 개발되었다(Dishion &

Andrews, 1995). 처음에는 12주 동안 90분짜리 회기로, 부모 및 청소년 집단을 대상으로 하였다. 부모집단은 8~16명의 보호자로 구성되며, 감독, 정적 강화[7], 제한설정, 문제해결 같은 가족관리 기술을 배운다. 회기 중 배운 기술은 집에서 어떻게 적용할 수 있을지 연습, 역할극, 토론을 통해 강화된다. 가족은 이러한 집단회기뿐 아니라 개인 상담회기도 3번 받게 된다.

다차원 치료위탁 Multidimensional Treatment Foster Care은 부모나 보호자로부터 격리된 반사회적 청소년을 대상으로 기존의 집단치료 대신에 개발된 방법이다. 다차원 치료위탁에서는 반사회적 청소년을 지역사회의 위탁가정에 일시적으로 맡긴다. 종합적인 치료팀과의 자문을 통해 청소년의 행동에 영향을 미치는 수반성을 체계적으로 조정한다(Fisher & Chamberlain, 2000). 청소년의 행동이 나아지면서 다차원 치료위탁 상태에서 부모나 보호자의 집으로 점진적으로 전환한다. 각 위탁가정에 프로그램 실행을 도울 행동지지 전문가, 청소년치료자, 가족치료자, 자문 정신과의사, 부모 일일보고 통화담당, 사례관리자나 임상 팀매니저를 배정한다. 위탁부모는 비공식적으로 선별하여 치료모형에 대해 설명하고, 청소년의 행동을 감독하고 수정하기 위한 기술을 배우기 위해 20시간 동안 예비훈련을 받는다. 청소년은 일정을 잘 따르고 기대되는 행동목표를 이루면 위탁가정 내에서 특권을 얻을 수 있다. 청소년의 생물학적 부모나 보호자는 치료 계획을 세우는 것을 돕고, 효과적인 양육 기술을 배우기 위해 가족치료에 참여하며, 잠시 집에 올 때 새로 배운 기술을 적용하기 시작한다. 가족의 기능이 점차 나아지면, 완전히 가족이 재결합할 때까지 가정방문을 늘린다. 재결합 후에도 1~3개월 동안 가족치료자가 사례를 꾸준히 추적하면서 문제가 발생하면 성공적으로 해결하도록 돕는다.

7) 정적 강화positive reinforcement는 바람직한 행동을 한 만큼 보상이라는 결과를 제공함으로써 그 행동의 빈도가 늘어나도록 강화하는 것을 말한다.

약물치료의 역할

우리는 프로그램에 참여한 아동에 대해 보조적인 약물치료의 효과를 조사하는 연구는 하지 않았지만, 통상적으로 약물치료가 필요한 동반질환이 있는지 정신의학적 평가를 받도록 부모에게 권유한다. 가장 흔한 것은 주의력결핍 과잉행동장애인데 우리가 개입하는 공격적 행동, 적대적 반항장애, 품행장애를 지닌 아동 다수에서 동반된다. 주의력결핍 과잉행동장애를 의학적으로 세심하게 평가하고 치료하면, 주의력결핍 과잉행동장애가 동반된 아동에게 대처능력 프로그램의 효과를 증진시킬 것이라 기대한다.

이 치료프로그램의 개요

대처능력 프로그램 부모집단의 내용은 사회학습이론에 기반을 둔 부모훈련 프로그램에서 나온 것이며, 아동의 공격성 분야에서 유명한 임상가와 연구자들에 의해 개발되고 검토되었다(Forehand et al., 1979; Patterson, Reid, Jones, & Conger, 1975). 16회기에 걸쳐 부모는, (1) 특정 조작적 용어를 사용해 아동의 친사회적 행동과 문제행동 목표를 정하고, (2) 적절한 아동의 행동에 보상하며, (3) 집에서 아동에게 효과적으로 지시하고 연령에 적절한 규칙과 목표를 정하고, (4) 부정적인 아동의 행동에 대해 효과적인 결과를 적용하며, (5) 집 밖에서의 아동의 행동을 관리하고, (6) 가정에서의 지속적인 의사소통 구조(매주 가족회의 하기처럼)를 만든다. 이러한 기본적인 부모훈련 기술 외에도 회기 중에 부모를 위한 스트레스 관리, 가족의 화목, 문제해결 등을 다루며, 지속적으로 아동이 집단훈련에서 다루는 기술에 대한 정보를 받음으로써 가정에서 그런 기술이 나타나면 부모가 강화할 수 있도록 한다. 〈표 1-2〉에 부모집단과 아동집단의 개요를 소개한다.

대처능력 아동집단과 부모집단을 함께 적용하면 아동에게 특정 기술을 소개할 때 부모에게도 그 기술이 소개되며, 부모와 아동은 배운 것을 집에서 협력해서 사용하게 된다. 예를 들어, 아동이 대처능력 아동집단에서 정리 기술을 배울 때, 부모도 숙제를 도와주는 구조를 만들고 숙제를 끝내기 위한 정리 기술을 강화해 주도록 배운다. 마찬가지로 부모가 문제해결을 위한 PICC 모형을 배울 때 아동도 아동집단에서 PICC 모형을 배운다. 그럼으로써 부모와 아동 모두 집에서 PICC 모형을 사용하도록 권한다.[8)]

부모용 워크북 사용

대처능력 프로그램은 집단치료이기 때문에 8권을 세트로 워크북 구매가 가능하다. 각 부모는 첫 집단모임이 시작되기 전에 또는 시작할 때 워크북을 받아야 한다. 부모에게 매 회기마다 워크북을 가져오도록 지도한다. 워크북에는 부모가 이해하기 쉽게 회기 내용을 요약해 놓았으며, 회기 사이에 해야 할 숙제용 서식과 용지도 들어 있다.[9)]

8) PICC 모형은 문제 확인, 해결방법 찾아보기, 결과 예상하기, 선택하기의 4단계를 말하며, 제16장에서 자세히 설명한다.

9) 부모용 워크북은 번역되지 않은 상태이며, 부모용 워크북이 있으면 부모집단 진행이 용이하지만, 없더라도 그 내용이 거의 진행자용 워크북에 포함되어 있기 때문에 충분히 부모집단을 진행할 수 있다.

〈표 1-2〉 아동집단과 부모(보호자)집단의 각 회기별 주제

아동집단		부모(보호자) 집단	
회기	설명	회기	설명
1년 차			
1	집단의 구조 및 행동목표 설정 과정	1	소개, 개요, 학습지원
2~3	목표 설정	2	가정에서의 학습지원
4	정리 기술 및 공부 기술	3~4	스트레스 관리
5~6	느낌 자각과 분노와 관련된 생리적 각성		
7	분노대처 및 자제력	5	기본 사회학습이론 및 부모자녀 관계 증진
8~10	분노대처를 위해 자기진술 사용하기	6	사소한 문제행동 무시하기
11	이완 및 자제력의 장애물 극복하기	7	아동에게 효과적으로 지시하기
12~14	관점 취하기	8	규칙과 기대행동 정하기
15	관점 취하기 및 문제해결 소개	9~10	훈육과 처벌
16~19	사회적 문제해결	11	방학 준비하기
20~22	다함께 비디오 촬영		
2년 차			
23	작년 내용 복습	12	가정에서의 학습지원 복습
24	정리 기술 및 공부 기술 복습	13	화목한 가정 만들기
25	사회적 문제해결을 교사와의 갈등에 적용	14	가족 내 문제해결
26	사회적 문제해결을 친구 만들기와 다른 사람의 친구 되기에 적용	15	가족대화
27	사회적 문제해결을 집단에 들어가기와 친구와 협상하기에 적용	16	장기 계획과 종결
28	형제 갈등과 문제해결		
29	사회적 문제해결을 또래 압박에 적용하기		
30	거절 기술		
31	이웃문제, 비행 청소년 집단, 집단주도권에 대한 문제해결		
32	또래의 압력 포스터를 함께 제작		
33	건강한 발달과 또래 관계		
34	대처능력 프로그램 복습 및 종결		

CHAPTER 02

부모집단 형성

집단 만들기

집단치료에 포함하기 위한 평가

아동의 공격적인 행동에 대한 부모와 교사의 보고를 통해 아동을 이 프로그램에 포함시킬지 결정한다. 이러한 보고의 종류로는 교사의 지명, 교사 및 부모의 행동평가, 임상에서라면 적대적 반항장애나 품행장애 진단 등이 있을 것이다. 이처럼 아동이 정해지면 부모와 연락해서 부모도 부모집단에 참여하도록 요청한다. 제1장에서 언급했지만, 아동집단과 부모집단을 모두 하는 완전한 대처능력 프로그램을 시행할 것을 권한다. 이 장에서는 부모집단을 형성하는 문제에 대해 설명한다.

공격적인 행동이 나타나고 유지되는 데에는 많은 요인이 기여하는 것으로 생각된다(Lochman, Powell, Whidby, & FitzGerald, 2006). 타고난 특성과 맥락적 요인은 치료적 개입을 통해 영향을 미칠 수 없지만, 치료 프로그램을 통해 아동의 공격적인 행동과 관련된 사회적 기능과 사회인지 기술, 부모의 기술은 다룰 수 있다. 이러한 아동요인 및 부모요인은 공격적인 행동으로 인한 부정적인 결과를 매개하는 것으로 생각된다(Lochman & Wells, 2002). 아동의 공격성에 대한 사회인지 모형에 따르면, 공격적인 아동은 인식되는 사회적 정보를 해석하고, 사회적 문제를 평가할 때 인지왜곡을 보이며, 이러한 문제에 적절한 반응을 만들어 내지 못한다고 하였다. 공격적인 아동의 부모도 특정 양육행동이 부족하거나 과도한 모습을 보였다(Lochman & Wells, 2002). 결국, 치료의 필요성과 아동 및 부모 집단치료를 통해 도움이 될지 판단하기 위해서는 아동의 사회인지 기술과 기능뿐 아니라 아동의 공격성과 관련된 부모의 행동을 평가하는 것이 중요하다.

품행문제가 있는 아동을 위한 대처능력 프로그램은 이중으로 집단치료(즉, 아동집단과 부모집단)하는 방법의 일종이며, 여기에 포함되려면 평가를 받아야 한다. 학교기반의 예방치료법으로서, Lochman과 Wells는 아동의 행동이 이 프로그램에 포함시킬 정도로 공격성이 높은지 평가하기 위해 **다중선별절차**multiple-gating approach를 사용했다. 우선 언어적 공격성, 신체적 공격성, 타인에게 피해를 주는 정도에 따라 교사가 각 학생을 평가하였다. 공격성이 상위 20~30%에 해당하는 아동을 골라 2차 평가를 받도록 하였다. 2차 평가에서는 부모가 아동행동점검표Child Behavior Checklist를 작성하였다. T점수가 55~60점 아래 쪽인 아동은 이 프로그램에서 배제하였다(Lochman & Wells, 2004). 부모가 평가할 수 없다면, 교사평가도 향후 아동의 부적응을 예견하는 효과적인 선별검사이므로 대신 사용할 수 있다(Hill, Lochman, Coie, Greenberg, & Conduct Problems Prevention Research Group, 2004; Lochman & Conduct Problems Prevention Research Group, 1995).

집단의 크기

대처능력 부모집단의 적정 구성은 아동 6~8명의 부모들과 집단 진행자 2명이지만, 충분히 계획하고 준비한다면 혼자서도 부모집단을 진행할 수 있다. 2~3 가족의 부모에게 작은 규모로 진행할 수도 있다. 또한 모든 부모가 매 회기마다 다 참석하지 않아도 집단은 충분히 진행할 수 있다.

집단 모임과 프로그램 기간

대처능력 부모집단은 16회기로 이루어지며, 매 회기마다 50~75분 정도 소요된다. 회기는 대개 2~3주에 한 번 시행하며, 아동집단의 기간에 맞춘다. 각 회기의 내용은 이전 회기의 내용을 기반으로 진행하기 때문에 대개 새로운 구성원이 중간에 들어오지 않는 폐쇄집단 형태로 운영한다. 하지만 부모집단을 시작한지 3~4회기밖에 안 되었고, 새로 들어온 부모에게 개별회기를 통해 빠뜨린 회기의 내용을 압축해서 전달할 수 있다면 폐쇄집단의 원칙을 다소 수정할 수도 있다. 하지만 이는 바람직하지는 않으며, 가능하다면 모든 부모가 함께 시작하도록 노력해야 한다.

집단 모임을 준비하기

첫 모임을 갖기 전에 집단 진행자는 부모집단 회기를 위한 공간을 마련해야 한다. 우리는 부모집단 모임을 수업종료 후 학교에서도, 체육관에서도, 부모들이 사는 지역의 도서관에서도 해 보았다. 때로는 집에만 있는 부모를 위해 가정방문을 해서 그 집에서 진행한 적도 있다. 또한 집단 진행자는 학교에서의 적절한 행동목표를 정하기 위해 가능하다면 아동의 담임교사를 만나야 한다.

다급하게 매뉴얼을 읽으면서 회기를 진행하지 않으려면, 집단 진행자는 회기를 진행하기 전에 회기 내용을 검토해서 익숙해져야 한다. 또한 그 회기에 필요한 준비물을 미리 마련해 놓아야 하며, 각 부모에게 줄 수 있을 만큼 충분한지 확인해야 한다.

비밀보장

새로운 부모집단이 시작될 때마다 항상 비밀보장 문제를 복습하는 것이 중요하다. 비밀보장과 관련된 교칙, 지방조례, 국가법령에 따라야 한다. 그밖에도 집단 진행자는 첫 회기에 비밀보장의 중요성에 대해 토론해야 한다. 집단 내 다른 부모나 아동에 대해 말했던 어떠한 내용도 집단 밖에서는 누구와도 이야기하면 안 된다고 명확하게 언급해야 한다. 비슷하게, 집단 내 다른 부모나 그 자녀의 신분을 집단 밖의 누구에게도 말해서는 안 된다. 집단 진행자는 모든 부모에게 이러한 원칙에 대해 구두 동의를 얻어야 하며, 워크북에 있는 비밀보장 동의서에 사인하도록 할 수도 있다.

특수한 문제들

집단의 화목과 부모의 기대

집단의 목적을 전달하면서 집단의 구조와 형태를 만들어 가는 것이 중요하다. 부모의 참석과 협조를 독려하고 프로그램의 확고한 기초를 다지려면, 화목한cohesive 집단을 형성하기 위해 충분히 공을 들이는 것이 도움이 된다. 따라서 첫 회기에 부모에게 이 프로그램은 구조화된 16회기 부모집단이라고 설명한다. 대략 2~3주에 한 번씩 진행하며, 방학과 휴일에는 쉰다. 대부분의 부모는 이 집단이 아주 지지적이라고 여기겠지만, 단순한 '지지집단'은 아니다. 그보다 자녀가 중학교로 잘 올라갈 수 있도록 도와주고, 문제행동과 공격행동을 예방하고 줄이는 양육 기술에 초점을 맞출 것이다. 기술은 축적되는 것이기에 이후의 기술은 이전의 기술 위에 쌓이게 된다. 대개 매번 모일 때마다 새로운 기술을 제시하고 토의하게 될 것이다. 따라서 가능한 한 부모집단에 많이 참석할 것을 권하며, 그래야 각 회기에서 제시하는 연속된 기술을 놓치지 않을 수 있다.

첫 회기에 부모에게 각 회기가 어떻게 구성되며, 숙제가 있을 것이라고 알려 주는 것도 중요하다. 회기 내용은 대체로 첫인사, 숙제 확인, 새 기술과 구성 제시, 새로운 기술에 대한 토론, 숙제를 계획하기, 남은 시간을 활용한 자유로운 토론 순으로 진행한다.

집단의 요구

제대로 된 치료를 위해서는 회기마다 목표를 달성하려고 애쓰는 것이 중요하듯이, 각 집단의 요구에 호응하는 것 또한 중요하다. 예를 들어, 어떤 부모는 이 프로그램에서 제시한 내용 중 일부에 강한 의견이 있거나 반대할 수도 있다. 다른 의견을 들을 기회를 가지는 것은 중요하나, 한두 부모가 전체 집단을 엉망으로 만들지 않도록 해야 한다. 일부 부모가 어떤 기법에 대해 회의적이라고 하면, 다른 부모에게 그들의 의견은 어떤지 물어보거나, 회의적이지만 새로운 기법을 시도해 봄으로써 그 방법이 도움이 될지 살펴볼 의향이 있는지 물어볼 수도 있다.

출석

아동의 문제행동과 공격행동을 다루는 기술을 부모에게 가르치면 이러한 아동에게 효과적이겠지만, 이는 부모가 실제로 참석할 때에나 가능한 얘기이다. 따라서 부모가 집단에 참석하느냐 하는 것은 집단 진행자가 특히 잘 다루어야 할 중요한 문제이다. 이는 아동에게 문제가 있다는 인식이 학교에서 시작되어 프로그램이 적용되었지만, 부모는 그다지 문제가 있다고 보지 않는 경우에 특히 그러하다. 이처럼 학교에서 주도한 경우, 처음 부모에게 하는 전화는 그저 동의를 얻기 위해서만이 아니라 부모집단에 잘 참석하도록 하는 데에도 매우 중요하다. 부모에게 아동이 학교에서 겪는 어려움에 대해서 잘 전달해야 하며, 집에서도 비슷한 어려움이 있는지 물어봐야 한다. 그러고 나서 집단 진행자는 대처능력 프로그램에 잘 참여하게 되면 아동의 행동이 학교에서만 좋아지는 것이 아니라 집에서도 줄어들 수 있다는 점을 연결지어야 한다. 아동을 돕기 위해 집단 진행자와 부모가 한 팀으로 협력하는 분위기를 형성하는 데 있어 첫 전화는 아주 중요하다. 집단 진행자, 부모, 아동 모두가 대처능력 프로그램을 통해 협력함으로써 학교뿐 아니라 집에서의 행동도 좋아질 것이라고 부모에게 분명하게 말한다.

일단 부모의 동의와 협조를 구한 후, 집단 진행자는 가능하다면 집단을 시작하기 전에 부모와 개별 약속을 잡아야 한다. 이 만남의 목적은 부모와 집단 진행자 사이에 치료동맹을 확고히 해서 향후 동의를 얻거나 부모가 작성할 양식을 잘 받기 위해서이며, 아동에 대한 부모의 걱정을 잘 다루기 위해서이다. 또한 집단 진행자는 가족의 일과를 다루거나, 가족 중에 다른 아동이나 어른은 누가 있는지, 부모집단을 같이 듣고 싶은 다른 양육자가 있는지, 현재 부모는 이 아동을 어떻게 훈육하는지, 현재 부모와 아동은 함께 노는지, 논다면 어떻게 노는지, 이 아동이 해야 할 집안일은 뭐가 있는지 알고 싶을 것이다. 이런 내용이 부모집단에서 다룰 내용들이기 때문에 집단이 시작하기 전에 각 부모와 이런 부분에 대해 이야기하는 것이 유용하다.

부모가 집단에 잘 참석하도록 하려면 세부 계획을 세워야 한다. 우리의 경험으로 집과 가깝고 방문하기 편한 위치에 있을수록 부모가 집단에 참석할 가능성이 높아진다. 따라서 지역 내 도서관, 주민센터, 아동이 다니는 학교가 좋은 장소라 할 수 있다. 이처럼 집단 시간도 부모들이 오기 편한 시간을 골라야 하는데, 대개 근무시간 후 저녁에 하거나 토요일이 좋다.

어린 동생이 있는 부모의 집단 참석률을 높이려면, 같은 건물 내에 아동돌봄서비스를 해 주는 곳이 있으면 좋다. 이른 저녁에 집단이 잡히면 피자나 간단한 식사를, 토요일 아침에 잡히면 커피나 도넛 같은 간식을 제공하기도 했다. 집단에 참석하기 위한 이동수단이 없는 저소득층 부모를 위해서는 왕복택시비를 제공하기도 했다. 물론 후원금이 있어야 이런 종류의 지원도 가능할 것이다. 만약 후원금이 부족하다면, 부모집단의 참석률을 높이기 위해 학부모회나 지역사회 기관 중에 이런 소규모 지원이 가능한 곳이 있는지 찾아보면 된다.

숙제 해 오기

부모가 숙제를 얼마나 해 오는가 하는 문제는 부모집단에서 자주 다뤄야 하는 문제이다. 대부분 부모집단 회기는 가정에서 아동에게 새로운 기술이나 양육전략을 시도해 보라는 숙제로 마무리한다. 이러한 숙제 중 대부분은 부모가 매일 숙제한 내용을 기록지에 기록하게 하는 방식이다. 어떤 부모는 이런 숙제에 잘 따르며, 다음에 올 때 기록지를 가득 채워 온다. 어떤 부모는 숙제는 했지만 기록지에 적지 못했다고 하거나 기록지를 가져오지 않기도 한다. 심지어 숙제를 전혀 하지 않는 부모도 있다. 이때 집단 진행자는 부모가 숙제를 하나도 안 했다고 해서 참석하지 않기를 바라는 것은 아니기에, 숙제를 하지 않은 부모를 비난하거나 못마땅해하지 않는 것이 중요하다. 이보다 숙제를 하는 데 있어서의 어려움을 어떻게 극복할지 방법을 찾아보고, 다른 부모들과 함께 어떻게 하면 숙제를 마칠 수 있을지 아이디어를 모아 보는 식으로 숙제를 안 하는 문제를 다루는 것이 좋다. 우리의 경험상 숙제를 해 온 부모의 성공한 이야기나 아동의 행동이 나아졌다는 발표를 들을 때, 숙제를 하지 않았던 부모도 숙제를 하려는 동기가 생기는 것 같다. 그럼에도 어떤 부모는 절대 숙제를 하지 않는 경우가 있지만, 참석했을 때 못마땅해 하지 않아야 한다. 하지만 집단 진행자는 이 부모의 자녀가 많이 좋아지기는 어렵다는 것을 알고 있어야 한다.

각 회기의 공통적인 부분

지난 회기 내용 복습

각 회기를 시작할 때 지난 회기의 요점을 몇 분가량 복습하는 것이 중요하다. 가능하면 메모해 놓은 것을 이용해서 먼저 부모에게 지난 회기의 요점이 무엇이었는지 기억해 보도록 요청한다. 부모집단의 각 회기 내용은 지난 시간의 내용을 바탕으로 추가되기 때문에 이러한 복습 과정을 통해 부모들이 배운 내용을 기억할 가능성이 높아진다. 각 회기마다 요점을 요약하는 것도 이러한 목적을 달성하기 위한 방법 중 하나이다.

숙제 확인

앞에서도 언급했지만 대부분의 부모집단에서는 집에 가서 해야 할 숙제를 주고, 새로운 기술이나 양육전략을 연습하도록 하면서 끝마친다. 숙제를 줄 때에는 다음 시간 초반에 숙제를 검사할 것이라고 말하는 것이 중요하다. 집단 진행자가 숙제를 확인하지 않으면, 집단 진행자가 숙제를 그다지 중요하게 생각하지 않는다는 메시지를 전하게 된다. 부모에게 숙제를 했는지, 또 숙제를 하면서 어땠는지 꼭 물어야 한다. 숙제를 하면서 생긴 문제를 다루고, 반드시 이 문제에 대한 해결방법을 제시해야 한다. 숙제를 하면서 생긴 문제를 어떻게 다룰지 다른 부모들의 아이디어를 들어 볼 수도 있다. 숙제를 못하게 하는 장애물을 다룬 후, 다음 주에 다시 해 보라고 격려해야 한다.

새로운 기술, 즉 회기 주제 제시하기

이쯤에서 회기 주제를 제시한다. 집단 진행자는 부모들에게 새로운 회기 내용을 제시하고, 회기 내용에 대해 무슨 생각이 드는지 피드백을 들어 본다. 새로운 기술을 집에서 해 볼 수 있겠는지, 이 기술이 집에서 아동에게 효과가 있을 것 같은지 부모에게 물어본다.

숙제 내주기

회기 중에 배운 새로운 기술과 관련된 숙제가 있다면 숙제를 내준다. 숙제의 핵심을 설명하거나 토론해야 한다. 예를 들어, 숙제를 언제, 어디서, 어떻게 할지 같은 세부사항에 대해 미리 토의해야 부모가 집에 가서 숙제를 어떻게 할지 좋은 생각이 떠오를 것이다. 숙제와 관련된 기록지가 있으면 토론하면서 나눠 주고, 어떻게 작성하는지 집단 진행자가 보여 주면서 설명해야 한다. 숙제를 하다 보면 어떤 문제가 생길 것 같은지 부모에게 물어보고, 회기가 끝나기 전까지 해결방법을 가능한 한 많이 찾아본다.

자유토론

시간이 남는다면, 오늘 회기 중에 이야기하거나 다루고 싶은 다른 문제가 있는지 부모에게 묻도록 한다. 이런 문제가 반드시 부모교육과 관련될 필요는 없으며, 학교나 이웃문제일 수도 있다.

부모의 결석 다루기

모든 부모가 모든 회기에 참석하도록 집단 진행자가 최선을 다했다 할지라도, 일부 부모가 참석하지 않는 경우가 틀림없이 생길 것이다. 프로그램에서 배우는 기술들은 대개 쌓이는 것이기 때문에 참석하지 않은 부모는 새로운 기술을 배우지 못하고 관련된 숙제도 못할 것이다. 결국 집단 진행자는 결석한 부모가 놓친 부분을 어떻게 '따라잡게' 할지의 문제에 직면하게 된다.

우리는 이 문제에 대해 다양한 방법을 시도해 보았다. 한 가지 방법은 결석한 부모에게 다음 주 집단 시작보다 15~20분 먼저 오라고 하는 것이다. 집단 진행자를 먼저 따로 만나서 놓친 부분을 배우는 것이다. 이 방법은 부모가 집에서 숙제를 연습할 기회가 없다는 점에서 아주 좋은 방법은 아니다. 또 다른 방법은 부모에게 즉시 전화해서 왜 빠졌는지 묻고, 전화로 부모에게 배워야 할 새로운 내용을 간단히 설명해 주는 것이다. 부모가 길게 통화할 수 없다고 하면, 다음 통화시간을 약속한다. 부모에게 숙제를 설명하고 워크북에 기록하도록 지시한다. 우리는 결석하는 부모의 가정에 방문해서 설문하고, 새로운 내용을 설명한 적도 있다. 이 방법은 가능하면 사용하지 않는 것이 좋은데, 왜냐하면 집단 진행자가 집에 항상 와 준다고 생각하면 부모가 집단에 참석할 동기가 약해지기 때문이다. 마지막으로, 이런 방법을 모두 할 수 없다면 다음 회기가 시작될 때 모든 부모와 함께 지난 시간의 내용을 복습하고, 지난 시간에 빠진 부모에게 회기가 끝나고 잠시 남아서 복습할 때 설명한 내용을 이해했는지 확인해야 한다.

집단 진행자의 훈련

집단 진행자의 기술과 수련 측면에서 보자면(Lochman, Powell, Jackson, & Czopp, 2006), 대처능력 프로그램의 치료진은 대체로 석사 수준의 전문수련 중인 임상가(예를 들어, 학교상담자, 석사 수준의 사회복지사)와 박사 초기 수준의 심리학자로 구성된다. 이들이 학교나 병원에서 아동집단도 하고, 그 아동의 학교나 주민센터, 병원에서 부모집단도 한다. 이 프로그램을 해 보려는 임상가에게 있어 이전에 인지행동적 관점으로 아동이나 가족과 작업해 본 경험과 관심이 중요하다.

대처능력 프로그램을 성공적으로 적용하려면 적절한 훈련과 자문이 중요하다(Lochman, Wells, & Murray, 2007). 훈련은 아동집단과 부모집단 프로그램의 진행자용 매뉴얼 2권을 읽는 것으로 시작해야 하며, 이 책에는 각 프로그램의 주요 요소 각각에 대한 회기별 목표와 진행에 대한 개요가 담겨 있다. 이 프로그램을 사용하고 싶은 임상가에게 권하는 2번째 단계는 대처능력 프로그램에 대한 워크숍에 참석하는 것이다. 대처능력 프로그램과 워크숍에 대한 정보는 웹사이트(www.copingpower.com)에서 얻을 수 있다. 워크숍을 하면서 대처능력 프로그램의 배경과 근거에 친숙해질 것이며, 각 회기를 검토하면서 회기별 목표가 어떻게 전체 프로그램의 목표와 관련되는지 토의할 것이다. 이 프로그램을 실제로 하게 되면, 대처능력 프로그램에 경험이 풍부한 집단 진행자나 부모자녀에 대한 인지행동 분야의 지도감독자를 찾아서 처음부터 끝까지 정기적으로 자문을 받는 것이 중요하다.

상담하는 모든 임상가에게 필수적인 기본기에 대해서도 주목해야 하는데, 왜냐하면 이런 기본기 때문에 치료 순응도나 보호자에 의한 치료중단에 영향을 미치기 때문이다. 아동, 선생님, 부모나 양육자와 치료동맹을 형성하는 임상가의 능력은 대처능력 프로그램에서 중요한 부분이다. 관련된 사람들과 관계를 형성하지 못하면 이 프로그램을 효과적으로 적용하지 못할 수 있다. 또한 아동이나 부모에게 공감하는 임상가의 능력도 외현화 문제를 가진 아동을 치료하는 데 필수적이다.

임상가는 철저하게 윤리적으로 행동해야 하는데, 특히 회기를 위해 학교 기반의 집단을 만들 경우에 잠재적으로 생성될 수 있는 다양한 치료동맹(즉, 임상가-아동, 임상가-교사, 임상가-부모)이 생기면서 다소 복잡해질 수 있다. 윤리적 관점에서 임상가는 갈등이 생길 수 있음을 고려해야 한다. 왜냐하면 부모는 비밀이 유지되지 않을까 걱정스럽고, 아동이 집단에 참석하면서 학교에서 '찍히지' 않을까 두려워하기 때문이다. 또 교사와 껄끄러운 부모가 비밀리에 한 말이 교사에게 도움이 될 것 같을 때, 아동이 개인상담에서 말한 내용이 집단 토의하기에 좋아 보일 때 등이 있다. 치료관계가 복잡하게 얽혀 있는 임상가는 모두에게 비밀을 보장하는 것은 한계가 있다고 말해야 하며, 임상가-집단, 임상가-아동, 임상가-교직원, 임상가-부모 관계 내에 정한 비밀보장 규칙을 깨지 말아야 한다. 또한 부모집단, 아동집단, 개별회기, 기타 개별 교육 계획individualized education plan 같은 관련 모임에 대한 적절한 기록도 중요하며 이 또한 연습해야 한다.

대처능력 부모프로그램 **1년 차**

CHAPTER 03

1회기:
소개, 개요, 학습지원

필요한 재료

* 괘도와 마커펜
* 교사면담 질문목록

회기 개요

* 진행자와 부모가 서로 친숙해지기
* 모임 시간과 장소 정하기
* 집단의 구조에 대해 부모에게 교육하기
* 프로그램의 개요 설명하기
* 가정에서의 학습지원에 대해 정보를 제공하기

소개와 개요

1회기에 자신을 소개하고, 함께 참여하는 다른 치료진도 소개한다. 자신이 하는 역할을 설명하고, 첫 주제인 '가정에서의 학습지원'에 대해 소개한다.

어째서 초등학교에서 중학교로 진학하는 것이 아동에게 스트레스가 되며, 이 프로그램이 어떻게 도움이 될 수 있을지에 대해 부모와 토의한다. 중학교로 올라가면서 많은 도전에 접하게 된다. 아동은 새로운 학교 환경과 수업마다 달라지는 선생님에게 적응해야 하고, 수많은 숙제를 정리하는 법을 배워야 한다. 온종일 교실을 바꿔 가면서 책임감과 독립심을 가지고 혼자 알아서 해야 하며, 높아진 또래의 압력도 다룰 수 있어야 한다. 이 모든 적응해야 할 것들과 스트레스 때문에 이 시기는 아동과 부모의 대처능력에 큰 도전이라 할 수 있다. 간혹 어떤 아동은 이 모든 스트레스에 어떻게 대처해야 할지 모를 수 있다. 초등학교 대부분을 거의 문제 없이 지냈던 아동조차 이 시기에는 학습적 · 행동적 어려움이 증가하는 경우가 드물지 않다고 부모에게 설명한다.

대처능력 프로그램의 개요를 위해 다음의 예시를 사용해도 좋다.

대처능력 프로그램은 나중에 생길지 모를 어려움을 예방하려는 목적으로, 긍정적인 대처 기술을 아동에게 가르치기 위해 만들어졌습니다. 또 아동이 집단에서 배운 대처 기술을 잘 익히도록 부모가 돕는 기술을 개발하고 다듬기 위해 만들어졌습니다. 이 프로그램에서는 아동에게 이미 나타났거나 향후 나타날지 모를 행동문제를 피하기 위해 양육 기술을 사용할 것을 강조합니다. 현재 행동문제가 없더라도 이 프로그램에서 배운 기술은 예방적인 효과가 있으며 건강한 발달을 도울 것입니다.

부모들에게 다음의 질문을 하고 토의한다.

* 여러분의 자녀가 학교, 이웃, 지역사회에서 어떤 어려움을 겪을까 봐 걱정이 되나요?
* 여러분의 자녀가 겪게 될 어려움이나 미래에 하게 될 선택과 관련해서 무엇이 걱정되나요?

이 집단을 통해 절망하고 화나게 만드는 좌절과 어려운 상황에 아동이 잘 대처할 수 있도록 다양한 양육 기술을 배우고 연습하게 될 것이라고 부모들에게 말한다. 다음의 질문 전부 또는 일부를 통해 집단 토의를 하도록 한다.

* 여러분의 자녀가 현재 어떤 부분에서 어려움을 겪는 것으로 보이나요?
* 여러분의 자녀가 나중에 스트레스를 받는다면 어려움을 겪을 것으로 예상되는 부분이 있나요? 여러분의 자녀는 그 스트레스에 어떻게 반응할 거라 생각하나요?
* 여러분의 자녀에게 현재 대인관계의 어려움이 있거나, 나중에 생길 것 같은가요?

프로그램의 구조

부모와 프로그램의 구조에 대해 토의하고, 모임 계획을 제공한다(예를 들어, 격주로 모임). 워크북의 달력에 모임 날짜와 시간을 기록하면 좋다. 2년 동안 총 16회를 진행한다고 알려 주고, 부모들에게 재빨리 회기 주제를 살펴보고 포함되기를 바라는 주제가 있으면 말하라고 한다. 부모집단은 학교와 관련된 문제만 다루는 것이 아니라는 점을 확실히 강조한다. 부모를 위한 스트레스 관리 같은 주제도 다룰 것이다.

아동도 프로그램에 참여하고 있고 부모집단 진행자가 아동집단도 진행한다면, 부모에게 아동집단의 구조에 대해 다음과 같이 설명한다.

> 아동집단은 매주 진행하며, 휴일, 학교휴일, 현장학습, 시험 때는 쉬며, 총 36회기로 되어 있습니다. 이중 일부는 5학년 때 하며, 일부는 6학년 때 하게 될 것입니다.[1] 따라서 부모집단도 아동이 5, 6학년일 때 진행됩니다. 아동집단의 초점은 아동의 대처 기술을 개발하고 향상시키는 것입니다. 목표는 아동에게 기술을 가르쳐서 더 나은 선택을 하고, 친구들과 더 잘 지내고, 부정적인 감정을 적절한 방식으로 다루도록 아동을 돕는 것입니다. 아동집단의 핵심요소는 매주 목표를 정하는 것입니다. 아동은 스스로 자

1) 여기서는 5학년이 초등학교 졸업 학년이며, 6학년은 중1에 해당한다.

신의 목표를 정하고 교사는 매주 아동이 목표를 달성했는지 기록하게 될 것입니다.

아동집단에서는 프로그램의 일부로서 동영상을 만들게 될 것이며, 부모에게 이 동영상을 보여 줌으로써 아동이 무엇인가 배우고 있다는 느낌을 부모에게 전하려는 것입니다. 아동이 만든 비디오를 부모가 볼 수 있을지 아동집단 진행자(부모집단 진행자와 다르다면)에게 물어보실 수 있습니다.

여기서 아동집단이나 부모집단에 대해 질문이 있는지 부모들에게 물어보도록 한다.

비밀보장

비밀보장이라는 주제를 소개한다. 워크북 1장의 비밀보장에 대해 설명했던 범위 내에서 집단에서 말하는 모든 것은 비밀보장을 해 주어야 한다는 것을 보여 준다. 다음의 예시를 사용해도 좋다.

비밀보장이란 여러분에 대한 정보를 이 집단 밖에서는 누구에게도 말하지 않는다는 것을 의미합니다. 게다가, 저희는 여러분 모두가 당면한 문제나 주제에 대해 편하게 말씀하시길 바라기 때문에 집단원 전체가 비밀을 지켜 줄 거라고 느끼는 것 또한 중요합니다. 따라서 집단 내 모두가 집단 밖에서는 집단원에 대해 말하지 않기로 합의하는 것이 중요합니다.

이후 집단원에게 던질 만한 질문으로는 다음과 같은 것들이 있다.

* 여러분 모두 이러한 비밀보장이 중요하다고 여기십니까? 그렇다면 어째서입

니까?

* 전체 집단원에 대한 비밀을 지키는 것에 모두가 동의할 수 있을까요?
* 모두 편하게 말하려면 다른 어떤 규칙이 필요할까요?

친해지기

처음에 소개와 간략한 프로그램 개요를 마친 후, '친해지기' 활동을 한다. 부모끼리 짝을 이뤄 서로 인터뷰를 하도록 한다. 한 부모가 다른 부모에 대해 충분한 정보를 얻어 내어 그 부모를 다른 사람들에게 소개하도록 한다. 꼭 알아야 할 유용한 정보로는 부모의 이름, 가족 구성원의 수, 그들이 즐기는 취미나 활동 등이 있다. 또한 상대 부모에게 자녀의 장점이라고 할 만한 것이 있는지 찾아보도록 한다. 이 활동을 마치는 데 대략 5분 정도 할애한다.

인터뷰해야 할 항목을 괘도에 써서 부모가 인터뷰할 때 참조하도록 한다. 다른 부모를 인터뷰하면서 들은 내용을 워크북에 적으면 된다. 집단 진행자도 앞에 적어 놓은 질문에 따라 자신의 답을 적어 놓음으로써 집단원이 참조하도록 한다. 집단 진행자도 부모와 짝을 이뤄(진행자끼리 하지 않고) 인터뷰 과정에 참여함으로써 집단원이 진행자에 대해서도 잘 알 수 있도록 한다. 인터뷰가 끝나면 자기 자리로 돌아가서 다른 집단원에게 자신의 짝에 대해 소개하도록 한다.

집단의 계획 확정하기

이즈음에 집단 시간, 장소, 구조, 교통수단 공유에 대해 더 토의할 필요가 있는지 살펴보고 계획을 확정한다. 이제 부모들이 서로 친해졌다면, 승용차 함께 타기를 토의해 볼 수도 있다. 부모들에게 참석하는 데 문제가 있는지 물어보고, 집단에서 이 문제에 대한 해결방법을 찾을 수 있을지 살펴본다.

가정에서의 학습지원

오늘 회기의 주제는 부모가 어떻게 하면 가정에서 아동의 학습을 도와줄 수 있을 것인가 하는 것이다. 아동의 숙제를 계속 확인할 방법에 대해 집단과 토의한다. 아동이 숙제를 마치도록 부모가 돕기 위해서는 학교에서 무슨 일이 있었는지 알아야 한다. 그러기 위해서는 아동의 숙제를 확인하고 변화를 살펴볼 효과적인 방법이 필요하다. 간혹 아동은 숙제가 없다거나 학교에서 하지 않았는데도 했다고 하면서 부모에게 거짓말하기도 한다. 효과적으로 숙제를 확인할 방법이 있다면, 학습문제 중 일부는 방지할 수 있다. 그런 방법이 없다면 교사와 숙제를 확인할 방법을 찾아보고 숙제를 확인할 방법을 세우는 데 도움을 청하는 것이 유익할 수 있다. 하루를 마칠 때, 숙제가 무엇인지 교사가 적어준 노트나 파일[2]을 가지고 다니는 간단한 방법만으로도 충분하다. 과목별로 숙제를 적는 노트여도 좋다. 수업이 끝날 때나 하루를 마칠 무렵에 숙제를 제대로 기록했으면 교사가 서명해 준다. 아동이 무언가를 빠뜨렸는지, 수업 중에 과제를 잘 마쳤는지 교사가 적어서 부모에게 알려 줘야 한다. 게다가, 이 파일이나 노트에는 부모가 할 말이나 걱정을 적고, 숙제를 제대로 했는지 적은 후에 서명할 칸이 있어야 한다. 알림장을 가지고 집에 가는 것은 아동이 해야 할 일이다. 알림장을 가져오지 않았다는 변명은 봐주면 안 된다.

2) 교사와 부모가 소통할 방법으로 초등학교에서 흔히 사용하는 알림장이면 충분할 것 같다. 교사와 협조가 된다면 스마트폰을 통한 문자나 채팅프로그램을 이용하는 것도 유용하다.

교사와의 만남

올해 부모가 교사를 만난 적이 있는지 물어본다. 만난 적이 있다면, 그때 들은 내용과 교사가 숙제를 부모에게 전달할 의향이 있는지 물어본다. 교사를 만난 적이 없는 경우, 가까운 시일 내에 교사와 만날 약속을 잡을 의향이 있는지 물어본다. 간혹 교직원을 불편해 하고 기피하는 부모도 있으므로 이러한 문제로 토론할 때 주의하도록 한다.

부모에게 워크북 1장에 있는 교사면담 질문목록[3]을 참고하도록 한다. 교사와 만날 때 늦지 않도록 강조한다. 그래야 시작이 순조로울 수 있다. 교사는 보통 부모와 모임 계획을 연달아 잡는데, 한 부모가 늦어져 일정이 어긋나 버리면 나머지 부모들이 모두 기다려야 하는 상황이 된다.

어떤 경우에는 교사에게 전화하는 역할극을 미리 해 보는 것이 도움이 되기도 한다. 집단 진행자가 모임을 정하려고 교사에게 전화하는 부모 역할을 하고, 부모나 다른 진행자가 교사 역할을 한다. 교사에게 만날 수 있는지 정중하게 요청하고, 어떤 이야기를 하고 싶은지(예를 들어, "선생님이 원하시는 게 뭔지, 또 제가 집에서 영철이 공부를 어떻게 도와줘야 할지 말씀 나누고 싶습니다.") 전달하는 역할극을 한다. 교사에게 전화해서 약속을 잡는 역할극뿐 아니라 교사를 실제로 만나서 대화하는 역할극을 하는 것도 도움이 된다. 집단 진행자나 부모 중 한 명이 교사 역할을 하고, 다른 진행자나 부모가 부모 역할을 하고, 이 둘이 대화하는 역할극을 해 본다. 교사는 부모에게 반갑다고 하고, 자

---

3) 담임교사를 만나 올해 1년 동안 이 반에서의, 1) 하루 일정, 2) 규칙과 기대행동, 3) 숙제에 대한 방침, 4) 숙제를 학교에서 할지, 아니면 집에서 할지, 5) 알림장을 사용해서 숙제를 확인하고 서명해 주실 수 있는지, 6) 혹시 학교에서 알림장을 인터넷으로 하는지, 7) 가정에서 숙제를 어떻게 도우면 될지, 8) 자녀가 지금까지 학교에서 어떻게 하고 있는지, 학습은 따라가는지, 행동은 어떤지, 9) 자녀에 대해 얼마나 자주 연락할지, 10) 부모로부터의 전화를 받아 주실지, 11) 좋은 부모가 되려면 어떻게 하면 되는지 등에 대해 물어본다.

녀에 대해 말씀 나눌 시간을 내주셔서 고맙다고 표현한다. 부모도 선생님을 돕고 싶다고 표현한다. 그 다음 워크북에 열거된 질문들을 교사에게 묻는다.

다음 모임에서는 집에서 공부를 돕고 숙제를 보다 순탄하게 하도록 돕는 방법에 대해 토의할 것이라고 말해 준다.

회기 마치기

부모에게 집단 첫 회기에 참석해 주셔서 감사하다고 하고, 앞으로 가능한 한 많이 참석하도록 격려한다. 꾸준히 회기에 참석해야 새로운 기법을 모두 배워서 해 볼 수 있으며, 자신의 경험을 공유하고 다른 부모의 경험도 들을 수 있다고 강조한다. 부모들에게 집단에서 한 명 한 명의 부모가 중요하며, 각자의 참여를 통해 집단이 진행될 수 있다고 강조한다. 부모가 집단 내용이나 모임 시간, 구조 등에 대해 가진 질문에 답한다.

숙제

✎ 현재 학교에서 아동의 행동이나 학업이 걱정되는 부모는 오늘 회기를 통해 살펴본 제안과 전략을 사용해서 교사와의 만남을 계획해 보도록 한다. 이렇게 하는 데 있어 궁금한 점이 있을 경우에는 문제해결을 시도해 보고, 다음 주에 그 문제가 어떻게 되었는지 다시 다룰 것이라고 알려 준다.

CHAPTER 04

2회기:
가정에서의 학습지원

필요한 재료

* 괘도와 마커펜

회기 개요

* 주제 선정하기
* 이전 회기 복습 및 숙제 확인하기
* 가정에서 숙제를 하는 시스템을 만들고, 아동이 과제를 했는지 지켜보는 과정을 가르치기
* 숙제 내주기

주제 선정하기

참석한 모든 부모를 환영하면서 지난 회기 이후에 어떠했는지 또 질문이 있는지 확인하면서 회기를 시작한다. 괘도에 오늘 회기의 주제를 적는다. 회기를 진행하면서 제시된 주제를 반복적으로 언급한다.

이전 회기 복습 및 숙제 확인하기

새로 참여한 부모가 있으면 집단의 구조에 대한 질문에 답하고, 비밀보장 같은 집단의 문제에 대해 간단히 복습한 후 새로운 내용에 들어가기 전에 서로 친해질 기회를 제공한다.

지난 회기에 말했던 교사와의 면담을 잡았거나 실제로 만난 경우가 있었는지 물어본다. 그렇다면 실제로 전화나 만남이 진행되었는지 묻는다. 이 경험에 대해 부모가 묻는 질문에 답해 준다. 이 단계를 해낸 부모에게 수고했다고 인정해 준다.

가정에서의 학습지원에 대한 대화 이어가기

아동이 숙제를 끝낼 가능성을 높일 수 있는 여러 방법에 대해 부모에게 말해 준다. 가정에서 숙제 시스템을 만드는 방법에 대해 워크북 2장의 정보를 참고하도록 한다. 이 책과 똑같은 정보가 워크북에도 제공된다.

가정에서의 숙제 시스템을 잘 만드는 법

숙제라는 것은 아동은 배우고 부모는 아동의 교육에 참여할 기회이다. 또한 아동에게 학습이 재미있을 수 있고, 교육이 중요하다는 것을 가르칠 기회이기도 하다. 부모가 숙제를 중요시한다는 것을 아동이 알게 되면, 숙제를 하는 쪽으로 돌아설 충분한 이유가 된다.

교사는 왜 숙제를 내주나

교사는 여러 이유에서 숙제를 내준다.

* 학교에서 배운 내용을 복습하고 연습하기 위해서
* 다음 수업을 준비하기 위해서
* 자료(도서관, 참고서 등)를 사용하는 방법을 가르치기 위해서
* 제한된 수업시간 외에 보다 깊이 그 주제를 살펴보도록 하기 위해
* 보다 독립적으로 공부하는 방법을 가르치려고
* 자기절제와 책임감을 가르치려고

어떻게 하면 부모가 가장 도움이 될 수 있을까

1. **기대 수준을 정한다** 부모는 숙제하는 데 있어 부모가 기대하는 바를 아동에게 명확하게 전달해야 한다. 부모는 아동이 표현하길 바랄 수도 있고(아동이 숙제시간이나 장소를 결정할 수도 있다.), 아동에게 질문할 기회를 주어야 한다. 하지만 숙제 자체는 아동의 책임이지만, 숙제를 하는 과정은 부모의 책임이다. 아동이 자신의 숙제에 대해 보다 책임을 지게 되면서 부모의 감시가 줄어들게 된다.
2. **숙제를 적는 알림장과 숙제를 위한 준비물을 가져오도록 돕는다**
   * 준비물을 가지고 다닐 방법이나 가방을 제공한다.
   * 숙제공책assignment book(알림장)을 마련해 준다.
   * 귀가 후 가능한 한 빨리 가방을 확인한다.
3. **매일 숙제를 할 시간과 장소를 정한다** 매일 숙제할 시간을 정하는 것이 좋다. 필요하면 변경할 수 있지만 일정한 것이 중요하다. 아동이 오랜 시간

숙제를 끝내지 못하는 데 익숙해져 있다면, 부모는 처음에는 15분부터 시작해서 점차 45분이나 1시간까지 늘려 나가도록 한다. 시간을 정하듯이, 숙제를 할 장소도 정해 주는 것이 좋다. 이 장소가 정리되어야 숙제를 여기서 할 수 있는데, 정리가 된다는 것은 혼자 있을 수 있고, 쓸 책상과 학용품을 보관할 곳, 끝난 숙제를 놓았다가 내일 잊지 않고 가져갈 곳(대개 책가방) 등이 있으면 된다. 숙제할 장소는 멋지지 않더라도 조용해야 하며, 매일 같은 장소여야 한다. 식탁에서 숙제를 하기로 하고, 학용품을 담을 상자 하나만 있는 것만으로도 충분할 수 있다.

4. 오락거리$_{\text{distraction}}$를 치운다　텔레비전과 라디오를 끄고, 전화를 받지 않도록 한다. 숙제 시간에는 모든 가족이 조용한 활동을 해야 한다. 가정에 시끄러운 동생이 있으면 숙제하는 장소에 오지 못하게 해야 한다. 오락거리를 없앨 수 없다면, 숙제할 장소를 바꿀 것을 고려한다(예를 들어, 지역 도서관).

5. 숙제시간을 정한다　여기서 고려해야 할 문제는 다음과 같다.

- 아동의 일정(예를 들어, 가장 정신이 초롱초롱할 때, 좋아하는 다른 활동과 겹치지 않게)
- 가족의 일정(예를 들어, 부모의 직장 일정, 저녁시간)
- 부모의 개인적 일정(예를 들어, 모임, 활동, 잠)
- 형제의 일정(예를 들어, 언제 가장 숙제를 덜 방해할까)
- 오락거리 일정(예를 들어, 좋아하는 텔레비전 프로그램, 대낮에 밖에서 놀 기회, 하고 싶어 했던 단체프로그램)
- 숙제를 끝내는 데 필요한 시간

노트: 사실 어떤 아동은 약간의 배경소음이 있을 때 집중을 잘하기 때문에 아동에 따라 규칙과 구조를 조정할 필요가 있다.

6. 숙제를 살펴본다　알림장이나 학교에서 내준 숙제를 확인하는 수단을

확인하고, 그날의 숙제를 살펴본다. 또는 학교숙제 웹페이지가 있다면, 웹페이지를 통해 숙제를 확인한다. 숙제를 시작할 때마다 아동이 해야 할 숙제를 정하도록 부모가 도와야 하며, 만약 도움을 원한다면 아동과 함께 숙제 지시를 살펴본다.

7. **학용품을 제공한다** 연필, 지우개, 종이, 사전, 풀, 스테이플러, 계산기, 연필깎이, 가위, 자 등을 모두 가까이에 둔다. 가능하면 모든 학용품은 한 곳에 모아 놓는다. 부모가 학용품을 제공할 수 없다면, 도움을 줄 곳이 없는지 교사, 상담교사, 교장 선생님과 함께 찾아본다.
8. **숙제를 하는 총 시간을 정한다**(예를 들어, 45분) 큰 변화가 없다면 이 규칙을 기준으로 삼는다. 숙제가 너무 많거나 적을 때에는 시간을 조절한다. 아동이 숙제를 열심히 했는데도 다 하지 못한다면 부모는 무엇이 잘못되었는지 평가해야 한다(예를 들어, '교사가 숙제를 너무 많이 내주나?' '아동이 효과적으로 숙제를 하지 못하나?' '혹시 이 아동에게 주의력이나 읽기 문제 같은 해결해야 할 구체적인 문제가 있나?' 등을 들 수 있다). 문제에 따라 다른 행동 계획을 세운다.
9. **모범을 보인다** 부모도 읽고, 쓰고, 생각과 노력이 필요한 활동을 한다.
10. **흥미를 보인다** 숙제에 대해 아동과 대화한다. 자료를 찾으러 도서관에 데리고 간다. 가장 중요한 건 부모가 아동과 함께 읽는 것이다.
11. **구조를 달리해 본다** 나이를 불문하고 아동이 전에는 어려움이 없었는데 숙제를 마치는 것에 어려움이 생긴다면, 부모가 감독과 관리에 신경 써야할 때이다.
12. **숙제를 하는 동안 도울 수 있다** 숙제하는 동안 옆에 있어 주면 보다 잘 지켜볼 수 있으며, 아동에게 도움과 지원을 줄 수도 있다. 숙제하는 동안 부모가 있어 줄 수 없으면, 지역사회에 도와줄 자원을 찾아본다(예를 들어, 방과 후 프로그램에 등록하기, 친구나 이웃에게 도움을 요청하기, 집에

전화해서 아동의 상태를 확인하기, 부모가 없는데도 아동이 숙제를 잘하면 약간의 보상 제공하기).

숙제를 마치기 위한 장소와 시간에 대해 부모에게 말해 보도록 한다. **숙제 시간 보장**(즉, 텔레비전과 라디오는 끄고, 매일 숙제를 하기 위해 정해 놓은 시간, 전화는 허용되지 않으며, 전화가 오면 부모가 받아서 나중에 전달한다.)이라는 개념을 설명한다. 만약 어떤 부모가 숙제시간을 보장하는 데 어려움이 있다면, 다른 부모들에게 좋은 생각이 있는지 들어 본다.

숙제 감독

아동마다 숙제를 하는 데 필요한 감독의 양과 강도가 달라진다고 부모에게 설명한다. 예를 들어, 학습장애나 집중에 어려움이 있는 아동은 다른 아동보다 더 감독할 필요가 있다. 부모는 각 아동마다 적절한 감독 수준을 정해야 한다.

정기적으로 아동의 변화를 관찰해야 하며, 아동이 제대로 노력할 경우 확실히 칭찬해 주어야 한다고 부모에게 말해 준다. 아동을 15분마다 칭찬을 해 주는 것이 필요한 경우도 있는데, 아동이 이 구조에 익숙해지면 조금씩 간격을 넓혀 나간다. 아동을 지켜보는 시간에 부모가 도와줄 수도 있지만, 이러한 도움을 최소화해야 아동이 자기 일을 혼자서 마치는 데 집중할 수 있다. 아동이 도와달라고 하면 일단 아동 스스로 해 본 다음에 도와줄 수 있다.

정해진 시간마다 점검하는 방법 외에도 숙제를 할 수 있을 만큼씩 나눠서 하게 하는 방법도 있다. 예를 들어, 아동에게 "수학숙제를 먼저 해서 가져와." 라고 지시한다. 부분마다 확인하고 답이 정확하면 칭찬한다. 틀렸으면 접어

두었다가 다음에 다시 다루도록 한다. 어떤 숙제는 오래 걸리는 것도 있다. 이런 목표를 완수하기 위해 아동이 중간 목표를 정해서 이룰 수 있도록 도와야 한다. 장기적인 과제를 당장 할 수 있을 작은 부분들로 나누면, 각 부분을 정해진 시한까지 해냈는지 관리할 수 있게 된다.

부모에게 총 숙제시간을 정하도록 한다(예를 들어, 45분이나 1시간). 제시간 안에 숙제를 끝내지 못하면, 숙제가 너무 많은 것은 아닌지, 특정 숙제가 유독 어려운 것은 아닌지, 아동이 생산적으로 잘하지 못해서인지 평가해야 한다. 각각의 경우에 따라 다른 대처를 해야 한다. 숙제를 제대로 마무리하는 게 익숙하지 않은 아동의 경우, 우선 15분부터 시작해서 점차 10분씩 늘려서 나중에 총 숙제시간에 도달하도록 하는 것이 효과적이다. 보통 이렇게 되기까지 수주가 걸린다.

혹시 부모가 아동의 숙제를 이해하지 못한다면, 그저 아동이 모든 문제를 풀려고 시도했는지만 확인해도 좋다. 맞았는지는 교사가 나중에 확인하면 된다.

요약

이전 내용에 대해 부모와 토의한다. 숙제를 시키는 데 있어 부모의 입장에서 시간문제나 부담되는 부분이 틀림없이 있을 것이다. 그런 문제에 공감을 표현하면서 지금까지 아동의 학습에 대해 걱정하거나, 교사를 만나거나, 숙제문제로 아동과 다투는 데 얼마나 많은 시간과 에너지를 소비해 왔는지를 물어본다. 숙제를 잘 해내는 것과 원만한 학교 적응 사이에는 밀접한 관계가 있다는 것을 지적한다. 앞에서 말한 방식을 가정에서 잘 해낼 방법을 부모가 찾아낼 수 있도록 돕는다. 숙제를 하는 구조를 만들어 내는 데 있어 아동과 밀접하게 협조해야 한다는 점을 부모에게 강조한다. 이 구조를 어떻게 만들지 아동의 의견을 잘 들어야 모두(아동, 교사, 부모)가 쉽게 참여할 수 있다. 프로그램을 만들어 내는 데 부모의 의견도 표현하지만, 아동의 의견도 제시하도록 함으로써 이 프로그램에 대한 '주인의식'을 아동에게 불어넣을 수 있다. 아동이 의견을 제시하도록 권할 부분으로는 다음과 같은 것들이 있다.

* 정확히 숙제할 시간
* 정확히 숙제할 장소
* 부모가 얼마나 자주 숙제를 확인할지
* 노트 색깔
* 항목마다 교사가 서명할지, 아니면 아동에게 서명하게 하고 어떻게 되는지 볼 것인지

아동을 만나기 전에 어떤 부분을 협상할 수 있을지 물어보도록 한다. 아동에게 특정 문제에 대해 두세 가지 선택권을 줘서 하나를 고르게 할 수도 있다.

워크북 2장의 숙제시스템 예시를 참조하도록 한다.[1] 이 예시대로 해도 좋고, 자신의 자녀에게 맞게 만들어 사용해도 좋다. 이것은 그저 예시일 뿐이다. 숙제를 하도록 하는 구조를 새로 만들기 전에 교사를 만나야 할 수도 있다는 것을 부모에게 상기시킨다.

1) 예를 들어, 아동에게 숙제를 할 장소와 시간을 정하고, 학용품을 준비하고, 오락거리를 치우고, 숙제 중에는 전화하지 않고, 많은 양의 숙제는 나눠서 하고, 제대로 했는지 검토하고, 숙제한 후 부모에게 확인받고, 알림장을 정해진 곳에 둔다는 서약서를 적어서 아동과 함께 서명하도록 한다.

숙제

✎ 자신의 자녀에게 숙제시스템을 만들어서 해 보고, 다음 시간에 이에 대해 토의해 보자고 부모에게 말한다.

CHAPTER 05

3회기:
스트레스 관리 1부

필요한 재료

* 괘도와 마커펜

* 적극적 이완 유도문

회기 개요

*주제 선정하기

*이전 회기 복습 및 숙제 확인하기

*스트레스 관리의 개념과 기법 소개하기(시간 관리 및 개인적 욕구 돌보기).

*적극적 이완 훈련

*숙제 내주기

주제 선정하기

참석한 모든 부모를 환영하면서 지난 회기 이후에 나타난 반응이나 질문이 있는지 물어본다. 괘도에 오늘 회기의 주제를 적는다. 회기를 진행하면서 제시된 주제를 반복적으로 언급한다.

새로 참여한 부모가 있으면 집단의 구조에 대한 질문에 답하고, 비밀보장 같은 집단의 문제에 대해 간단히 복습한다. 시간, 날짜, 장소, 교통수단 등과 관련하여 다뤄야 할 추가 계획이 있으면 즉시 검토한다.

이전 회기 복습 및 숙제 확인하기

아동이 숙제를 보다 잘 마칠 수 있도록 돕는 시스템에 대해 이야기했던 지난 회기의 내용을 간략히 복습한다. 지난 시간에는 숙제를 끝낼 수 있도록 집에서 규칙과 구조를 어떻게 정해야 하는지 토의했으며, 아동이 숙제하는 것을 지켜보고 확인하는 방법에 대해서도 토의했다.

숙제를 하도록 규칙과 구조를 적용해 보니 어땠는지 부모에게 물어보고, 아동의 반응에 대해 토의해 본다. 규칙과 지켜보기를 시도한 부모에게는 정적 강화를 하고, 아직 시도해 보지 않은 부모에게는 다른 부모가 성공적이었다고 말한 전략을 시도해 보도록 권한다. 또 지난 회기 이후 교사와 만남이 있었다면 결과가 어떠했는지 물어본다. 숙제하는 구조를 만드는 데 있어 교사도 포함시켰는지 물어본다.

스트레스 관리

오늘과 다음 회기에는 부모의 삶에 스트레스가 미치는 영향에 대해 이야기할 것이라고 말한다. 스트레스를 다루는 방법에 대해 토의하게 될 텐데, 특히 양육과 관련된 스트레스를 다룰 것이다. 처음에는 다양한 종류의 스트레스(긍정적인, 부정적인)에 대해 토의해 보고, 스트레스가 개인에게 미치는 영향에 대해 토의해 본다.

긍정적인 · 부정적인 스트레스 요인

스트레스는 우리가 적응해야 할 삶 속의 어떠한 변화에서 비롯될 수 있다고 설명한다. 많은 사람은 스트레스가 고통스러운 사건이나 위기라고 생각한다. 명백한 예로는 자연재해(예를 들어, 화재, 지진, 홍수)나 가족의 사망, 신체의 부상, 병 같은 것을 떠올리겠지만, 이외에도 헤아릴 수 없이 많을 것이다. 흥미롭게도 대부분의 사람이 긍정적이라고 생각하는 사건들(예를 들어, 결혼, 새 집을 사거나 새 집으로 이사하기, 새로운 직장)도 대개 높은 스트레스를 준다고 말한다. 누군가 엄청난 스트레스 요인을[1] 경험하고 있다면, 이런 사건들이 쌓여 스트레스가 높아지게 된다. 부모에게 스트레스를 주는 일들과 일상에서의 귀찮은 일들에 대해 말해 보도록 한다.

스트레스에 대한 생리적 정의

불쾌한 사건이 생기면 우리 몸에서 나타나는 신체 반응에 대해 토의해 보면서 스트레스에 대해 정의해 본다. 이때 나타나는 반응으로는 호흡수의 증가, 심박수의 증가, 혈압의 증가, 근긴장의 증가, 땀을 흘리거나 손이 차가워짐 등이 있을 것이다. 이미 만성 스트레스에 시달리던 사람에게 다른 스트레스가 추가된다면(예를 들어, 차가 고장 나거나, 아동이 문제행동을 하거나), 뇌의 조절중추나 호르몬이 과잉 반응을 보여 극단적인 정서 반응을 유발한다. 이런 식으로 신체가 과잉 반응을 하게 되면 불안, 피로, 긴장을 느끼게 되고, 오랜 시간이 지나면 만성피로나 어쩌면 몸이 아플 수도 있다.

---

1) 스트레스 요인은 우리에게 스트레스를 주는 삶 속의 일들을 의미하며, 좋은 것과 나쁜 것이 있다.

양육 스트레스

이 부분에 대한 설명은 재빨리 진행해서 부모가 충분한 시간 동안 말할 수 있도록 한다. 간략하게 양육은 아주 힘든 일이며, 쉴 시간이 없다는 점을 소개한다. 이 때문에 부모는 양육해야 할 순간에 과잉 반응하게 되거나 감정 조절에 실패하게 된다. 다음의 예시를 사용해도 좋다.

> 부모의 삶 속에 일상의 스트레스를 주는 일들이 이미 많이 있을 때, 양육은 더욱 스트레스를 줍니다. 아동은 부모에게 많은 관심을 요구하며, 게다가 가정이나 학교에서 행동문제나 학습문제마저 있다면 부모 입장에서 문제해결을 위해 더 많은 에너지나 노력이 필요할 것입니다. 이런 아동에게는 일종의 훈육이나 창의적인 해법, 사려 깊고 긍정적인 결과를 주어야 할 상황들이 생깁니다. 아동에 대해 반응하는 데 있어서 부모 스스로 '자동조종' 상태에서 벗어나 아동을 어떻게 다룰지 끊임없이 생각해야 한다는 것을 알게 될 것입니다. 이러한 친사회적(사회성을 키우는) 접근이 아동에게 도움이 되기는 하지만, 계속 생각하고 계획하고 행동해야 하는 부모에겐 스트레스가 됩니다. 부모가 이미 자신의 삶 속에서 스트레스를 겪고 있다면, 아동을 만날 때 정서적으로 과잉반응하고 자제하지 못할 가능성이 높아집니다.

이전에 스트레스 요인과 일상의 집안일이 아동에 대한 느낌과 아동의 양육에 어떻게 영향을 미쳤는지 집단과 이야기를 나누어 보도록 한다.

* 스트레스를 많이 받은 날은 어떤 느낌이 드나요?
* 어떤 신체 반응을 경험하나요?
* 스트레스는 아동을 향한 인내심과 너그러움에 어떤 영향을 미치나요?
* 스트레스를 받으면 사려 깊은 양육 기술을 사용할 수 있는 능력에 어떤 영향을

미치나요?

*스트레스를 받아서 지치고 피곤하다면, 이게 양육에 어떤 영향을 미칠까요?

시간 관리

이 부분은 시간 관리와 건강한 삶이라는 개념과 관련된다. 파이차트[2]를 사용하여 부모에게 자기 인생의 여러 부분을 상세하게 그려 보도록 한다. 대개의 부모가 자신을 위한 시간은 거의 없다고 그릴 것이다. 이러한 자각을 통해 자신의 삶 속 다른 곳에도 에너지, 관심, 열정을 사용할 수 있으려면, 자신을 적절히 돌볼 필요가 있다는 토론으로 이끈다.

인생 파이차트

부모들이 워크북에 있는 인생 파이차트를 사용해서 각자 자신이 어떤 시간을 중요시하는지 직접 눈으로 보여 주는 작업을 한다. 진정 자신의 시간을 필요로 하는 분야와 자신이 무시하고 있는 분야를 모르는 사람들이 많다.

각 부모에게 자신이 맡은 여러 **역할의 목록**을 작성해 보라고 한다. 목록을 만든 후에 역할의 개수를 세어 본 다음, 워크북 해당 페이지의 큰 동그라미 속 파이에 그 역할을 그려 보도록 한다. 자신이 생각하기에 각 역할이 현재 자신의 삶 속에서 얼마나 많은 시간, 에너지, '공간'을 차지하고 있는지에 따라 파이의 크기를 달리 그리도록 한다. 현재 얼마나 많은 시간과 에너지를 양육에 쏟고 있는지, 또 현재 자신을 돌보는 데에는 얼마나 많이 쏟고 있는지,

2) pie chart: 어린 시절 방학 때 하루를 어떻게 보낼지 계획을 세웠던 것처럼, 파이나 피자처럼 동그란 영역 안에 시간이나 에너지를 비중에 맞게 그려 넣는 방법이다.

눈으로 보고 말해 보라고 한다. 자신의 시간을 이런 식으로 사용하고 싶은지, 또는 시간 배분을 좀 달리 하고 싶은지 부모에게 물어본다.

이상적으로 보자면, 온전히 자신만을 위한 파이 한 조각이 있으면 좋겠지요. 하지만 대개의 부모들에게 있어서 시간이 흐르고 새로운 책임이 부과되면서 이 파이조각은 점점 더 작아져만 갑니다. 결국, 마지막엔 자신을 완전히 무시하게 되곤 하지요. 삶 속에서 다른 필요한 역할을 하려면 우리 생각에 이것을 꼭 해야 할 것 같지만, 그러다가 만약 우리 자신을 너무 오래 외면한다면, 다른 것들을 할 체력, 에너지나 열정이 바닥나게 됩니다. 스트레스 관리에서 맨 먼저 해야 할 것은 자신을 돌보는 것입니다. 그러면 기운이 나고, 삶 속에서 보다 잘할 수 있을 것입니다.

자신을 배려하기

부모들에게 워크북의 자신 돌보기 용지를 참조하도록 한다. 시간이 있으면 회기 중에 작성하도록 할 수도 있지만, 숙제를 낼 수도 있다.

자신을 배려할 방법에 대해 아이디어를 말해 보도록 한다. 어떻게 자신을 돌볼지, 시간이 있다면 어떻게 해 보고 싶은지 예를 들 수도 있다.

자신을 배려하는 방법으로는 다음과 같은 것들이 있다.

* 책 읽기
* 좋아하는 의자에 앉아 쉬기
* 음악 듣기
* 따뜻한 물로 목욕하기
* 느긋하게 산책하러 나가기

*특정 이완훈련 해 보기

마음이 편해지는 다른 활동으로는 무엇이 있을지 말해 보도록 한다. 너무 자극적인 활동을 언급하면(예를 들어, 빠른 음악 듣기, 스릴러 영화 보기), 그런 활동을 할 경우 과도하게 각성되어 오히려 이완에 방해가 될 수 있다고 말해 준다.

어떤 부모에겐 '자신을 돌보기'라는 것이 직장에서 퇴근한 직후 30분을 확보하는 것일 수 있다. 이는 퇴근 직후 모든 집안일(예를 들어, 저녁식사 준비)을 30분 미루고, 아동이 원하는 것이 있어도 이따 말하도록 하고, 그날 있었던 문제에 대한 토론이나 다른 모든 활동도 30분 뒤로 미룬 채 우선 쉬는 것이라고 설명한다(예를 들어, 옷을 갈아입고 소파에 눕는다).

이 시간에 있어서 '경계'를 정해야 한다는 점을 강조한다. 즉, 다른 가족이나 해야 할 다른 집안일로 인해 방해받지 않아야 한다. 예를 들어, 자신을 위해 쇼핑하러 가거나 식물을 가꾼다고 하는 경우도 있다. 어떤 경우에는 이런 활동을 하면 정말 스트레스가 줄기도 한다. 하지만 다른 사람에게는 효과적인 스트레스 관리 기법이 되지 못할 수도 있다. 토론 후 자신을 돌보기 위해 어떤 방법을 써 볼 수 있을지 물어본다. **자신을 돌보기 기록지**에 자신이 할 만한 활동을 적어 보고, 얼마나 자주 해볼 수 있을지 적어 보도록 한다. 또한 이렇게 하려면 어떤 준비가 필요한지 적어 보도록 한다.

적극적 이완

전에도 말했지만 스트레스는 우리의 몸에 여러 가지로 영향을 주며(예를 들어, 심박수 증가, 혈압 상승, 근육 긴장), 대개 사람을 피곤하게 만들어서 기능이 떨어지게 만든다. 스트레스는 부모를 지치고 양육할 에너지가 부족하게 만들어서 부모의 능력에 부정적인 영향을 미칠 수 있다는 것을 알려 준다(예를 들어, 숙제하도록 구조화하고 관찰할 시간이나 에너지가 없다, 시킨 일을 잘한 아동에게 보상하는 것을 잊는다, 맡긴 집안일을 잘했는지 확인하지 못한다). 스트레스를 다루는 법을 배우게 된다면, 효과적인 부모 역할을 잘하기 위해 필요한 시간, 에너지, 관심을 마련할 수 있을 것이다.

스트레스를 낮추는 방법 중 하나로 **적극적 이완**이 있다. 이 방법을 통해서 스트레스와 반대되는 좋은 기분이 들게 함으로써 기분이 나아지도록 해 준다. 적극적 이완은 자신을 돌보도록 정한 시간에 할 만한 활동이다.

부모에게 워크북에 있는 이완 유인물을 설명한다. 여기 나온 유도문을 큰 소리로 읽으면서 부모가 따라오도록 한다.

모든 부모는 의자에 편히 앉아서 눈을 감게 하고, 집단 진행자는 각 단계를 천천히 읽어 나간다. 부모들이 따라오는 것을 보아 가면서 지시하고 절차에 따라 단계를 밟아 나간다. 모든 과정을 마칠 무렵, 차분하고 낮은 목소리로 '이완하세요.'라고 20번 말한다.

이완 유도문

1. 의자에 편하게 앉으세요. 의자 팔걸이에 여러분의 팔을 올려놓으세요. 눈을 감으시고, 모든 과정을 마칠 때까지 눈을 감고 계세요.
2. 자신의 몸에 다양한 근육이 있다는 것을 느껴 보세요(예를 들어, 손과 팔, 얼굴, 목, 어깨, 가슴과 배, 엉덩이, 허벅지, 다리)
3. 팔꿈치를 구부려 보세요. 양 팔에 힘주고 주먹을 꽉 쥡니다. 5초간 버팁니다. 긴장감에 집중해 보세요. 그리고 이완하세요. 이완감에 집중해 보세요.

4. 얼굴 전체와 어깨에 힘을 줍니다. 눈을 꼭 감고, 이마에 인상을 쓰고, 입가를 귀 쪽으로 당기고, 목에 힘을 주고, 어깨를 구부리세요. 잠시 힘을 준 채 버팁니다. 긴장감에 집중해 보세요. 그리고 이완하세요. 이완감에 집중해 보세요.
5. 깊이 숨을 들이마시고 등을 활처럼 구부립니다. 5초 동안 이 자세를 유지하세요. 이제 이완하세요. 한 번 더 깊이 들이마시면서 허리를 폅니다. 버티고…… 이완하세요.
6. 바닥에서 발을 들어서 무릎을 곧게 펴세요. 발가락을 얼굴 쪽으로 당기고 정강이(무릎 아래에서 앞쪽 뼈 부분) 근육에 힘을 주세요. 버티고…… 이완하세요. 이제 발바닥 쪽으로 발가락을 구부리고 종아리, 허벅지, 엉덩이에 힘을 주세요. 버티고…… 이완하세요.
7. 마음속에서 각 무리의 근육들을 살펴보면서 혹시 긴장하는 근육이 있으면 이완하세요.
8. 이제 호흡을 알아차려 보세요. 숨을 들이마시고 내쉬면서 속도를 늦춥니다.
9. 깊이 숨을 들이마시면서 1에서 5까지 수를 세고, 숨을 내쉬면서 6에서 10까지 수를 셉니다. 숨 쉴 때마다 배가 부풀었다가 꺼질 것입니다.
10. 깊고 느린 호흡을 반복합니다. …… 들이쉬고 내쉬고 …… 들이쉬고 내쉬고 …… 깊이 이완되었다고 느끼면 멈추세요.
11. 숨을 내쉴 때마다 자신에게 '이완'라고 말하기를 20번 정도 반복하세요.
12. 이제 점차 평소처럼 숨을 쉬도록 하면서 눈을 뜨세요.

일단 부모들이 이완이 되면, 계속 눈을 감고 최근에 아동을 훈육하느라 화나고 짜증났던 순간을 떠올려 보라고 한다. 계속 심호흡하고 근육을 이완시키면서 아동이 짜증나게 했던 행동을 떠올려 보라고 한다. 이러한 일련의 지시를 내린 후, 집단 진행자는 대략 2분 정도를 기다려 준다. 그리고 10에서 1까지 거꾸로 수를 세다가 1에서 눈을 뜨도록 한다. 이 훈련을 해 본 소감이 어떤지 묻는다. 이 훈련을 하면서 어려움은 없었는지 묻는다. 문제가 있다면 해결해 보고, 시간이 된다면 집단 진행자는 조용히 있으면서 부모 스스로 전체 훈련을 다시 한 번 해 보도록 한다.

숙제

- 워크북에 있는 자신을 돌보기 기록지를 완성하라고 하고, 지금부터 다음 회기까지 어떻게 할지 계획을 세우도록 한다.
- 전체 이완훈련을 하루에 한두 번 연습하도록 한다.
- 아동을 양육하면서 생리적인 스트레스 반응이 부모에게 나타난다면 스스로에게 이완이라고 말하고, 자신의 몸을 의식적으로 이완시키려고 애쓰고, 호흡 속도를 늦추면서 아동을 상대하도록 한다.

CHAPTER 06

4회기:

스트레스 관리 2부

필요한 재료

* 괘도와 마커펜
* 생각, 느낌, 행동 기록지를 작성한 예시

회기 개요

*주제 선정하기
*이전 회기 복습 및 숙제 확인하기
*스트레스 관리의 개념과 기법에 대해 깊이 토의하기
*일상에서 스트레스를 관리할 방법을 찾아보기
*정서 관리, 스트레스 관리에 대한 인지모형을 제시하기
*생각, 느낌, 행동 기록지 소개하기
*숙제 내주기

주제 선정하기

참석한 모든 부모를 환영하면서 스트레스 관리에 대해 배운 지난 회기 이후에 나타난 반응이나 질문이 있는지 확인한다. 괘도에 오늘 회기의 주제를 적는다. 회기를 진행하면서 제시된 주제를 반복적으로 언급한다.

이전 회기 복습 및 숙제 확인하기

이전 회기에서 우리는 스트레스를 다루는 법에 대해 토의하면서 스트레스를 두 가지로 정의해 보았다.

- 우리에게 일어나는 부정적인 사건이나 긍정적인 사건
- 우리 신체에서 느껴지는 반응

또 스트레스를 해소하는 법에 대해서도 토의해 보았다. 숙제로 부모들에게 매일 스스로를 돌볼 방법을 여러 가지 생각해 보고 적용해 보라고 하였다.

각 부모에게 숙제에 대해 묻고 토의한다. 생각처럼 되지 않은 경우에는 장애물에 대해 꼭 다루고, 특히 자신을 돌보는 데 필요한 시간을 내기 어려웠던 점에 대해서도 다룬다. 다른 부모에게 도움이 될 방법이 있을지 다 같이 찾아본다. 또 어찌됐든 숙제가 도움이 되었는지 꼭 물어본다. 특히, 몸 상태가 나아진 점이 있는지, 아동을 대하면서 전보다 여유 있게 했는지, 참을 수 있었는지 물어본다.

스트레스를 주는 일과 일상의 집안일 다루기

미리 계획하기

이번 회기에는 부모들의 삶에서 스트레스를 다루기 위해 해 볼 만한 몇 가지 방법들을 제안할 것이다. 이중 한 가지는 평소 누구나 하게 되는 집안일을 다루는 방법에 대한 것이다. 스트레스가 많은 사람은 스트레스를 주는 일들을 적어 보고 우선순위를 정한 후, 즉시 해야 할 것을 먼저 하고 나중에 해도 될 것은 미루는 것이 필요하다. 일정 기간(예를 들어, 1주) 동안 해야 할 일들을 적고, 중요도에 따라 우선순위를 정하고, 한 주 안에 목표를 달성하기 위한 계획을 세운다. 일이란 원래 생각했던 시간보다 2배는 더 걸린다고 부모에게 말한다. 시간을 충분히 배정해야 작지만 급한 일이 생겼을 경우에 일정을 망치지 않고 처리할 수가 있다.

시간을 써야 할 곳에 쓰기

부모에게 인생에 대한 건전한 관점을 지니고, 너무 과로하지 말라고 한다. 자신이 감당할 수 있는 정도의 개인적인 한계를 남들과 비슷하게 정하는 것이 중요하다고 말한다.

워크북의 '시간을 써야 할 곳에 쓰기' 부분을 보도록 한다. 여러분이 집단토론을 안내할 수 있도록 여기에도 같은 정보를 제시하였다. 모든 것을 다루기보다 때로 사람들은 수많은 역할과 기대를 어떻게 처리할지 신경 쓰지 않다가 스트레스를 경험한다는 것을 일깨워 주기 위해 사용한다. 다음 지침을 보면 스트레스를 효과적으로 다루는 유용한 아이디어를 얻을 수 있다.

해야 할 일을 알고 우선순위를 정하는 법을 배우자

목표가 무엇인지, 또 언제 할지를 알아야 한다. 보통 할 일을 적은 일일 계획표나 다른 도구가 도움이 된다. 작지만 급한 일이 생길 경우를 대비해서 '여유 있게' 계획을 세운다. 일정 중에 이런 여유 시간을 두는 연습을 통해 스트레스를 줄이는 데 도움이 된다.

시간 낭비를 줄이자

할 일이 많은데 각각 오래 걸리지 않거나 같이할 수도 있다면, 한꺼번에 하도록 한다. 예를 들어, 세탁하고, 오븐(자동세척 기능이 있는)을 청소하면서, 전화회의를 동시에 할 수도 있다. 그 대신에 간단한 심부름을 해야 한다면 계획적으로 하도록 한다(즉, 시간 낭비를 줄일 수 있도록 동선을 짠다).

현실적인 목표를 세우자

자신을 혹사시키지 않는다. 자신의 한계를 알고, 자신이 할 수 있을 만큼의 목표를 세운다. 너무 높은 목표(비현실적으로 높은 목표 설정)와 너무 낮은 목표(불충분한 목표 설정) 사이에 섬세하게 균형을 잡아야 한다. 목표를 충분히 높게 잡지 않으면 이 또한 스트레스를 받을 가능성을 높이며, 일이 끝나지 않을뿐더러, 노력 부족과 성취 부족으로 인해 자신에게 부정적인 영향을 미치게 된다. 자신의 한계가 어디까지인지 알아야 하지만, 그 한계치까지 노력할 필요가 있다.

여러 일을 효율적으로 하자

좋든 싫든 살면서 놀랄 일은 많으며, 이런 놀랄 만한 일로 인해 우리의 계획은 엉망이 되고, 뒤처진 것을 따라잡으려 미친 듯이 노력하곤 한다. 보통 뒤처진 것을 따라잡으려고 미친 듯이 노력하는 것은 효과적이지 못할 때가 많으며, 대개 심하게 스트레스를 받게 된다. 따라서 따라잡으려 하기보다 변화를 받아들이고, 할 일의 목록을 보고 우선순위가 아닌 것을 파악한 후, 이런 것들은 다른 날이나 다음 주로 미루도록 한다. 우선순위에 따라 써 보라고 하는 이유가 바로 이것 때문이다. 미뤄도 되는 것을 쉽게 파악해서 다시 일정을 잡을 수 있게 된다.

의욕 수준을 높이자

병, 좋지 않은 식습관, 수면 부족, 과도한 업무나 집안일, 이외에도 다양한 이유로 의욕이 떨어질 수 있다. 의욕이 떨어지는 이유를 찾아보고, 해결방법을 찾아보는 것이 중요하다. 잘 먹고, 잘 자고, 충분히 쉬고, 매일 조금이라도 즐길 수 있을 만큼 일하도록 한다. 사람들은 보통 밤늦게까지 일하면 최소한 한 가지 일이라도 끝낼 수 있을 테니 스트레스가 줄어들 것이라고 생각한다. 하지만 이렇게 되면 역효과가 나기 쉬운데, 할 일의 목록 상 다음 일이 최우선과제가 되면서 초과 근무, 수면 부족, 좋지 않은 식습관이 계속되기 때문이다. 건강한 생활습관을 유지해야 의욕이 생기고, 의욕이 생겨야 목표를 달성하는 데 도움이 된다.

혼란스러운 환경을 정돈하자

정리가 안 돼서 혼란스럽고, 어수선하고, 더러운 방만큼 스트레스를 주는 것도 별로 없을 것이다. 안타깝게도 직장과 양육, 기타 수많은 일들 때문에 집을 산뜻하고 깔끔하게 유지하는 것은 어렵다. 결국 궁극적인 목표는 전부 깔끔하게 하는 것이겠지만, 청소 일정을 정해서 한 번에 방 하나씩만 청소하도록 목표를 정하도록 한다. 배우자나 자녀가 도와줄 수 있는 것을 적어 보고, 목표를 달성하면 꼭 자신에게 보상하도록 한다. 경제적 사정 상 대개 불가능하지만 집 안을 청소하고 정리해 줄 사람을 고용하면 스트레스를 실질적으로 줄일 수 있다. 이렇게 하면 다른 곳(예를 들어, 가족과 지내기, 자신을 돌보기)에 시간을 사용할 수 있을 뿐 아니라, 내키지 않는 일을 할 필요가 없어진다. 또한 집 안이 잘 정리되면, 물건이 어디에 있는지 잘 알게 되고 물건을 찾느라 시간을 낭비할 필요가 없어져서 일하기가 쉬워진다.

매일 자신을 위한 시간을 계획하자

매일 꼭 자신을 위한 시간을 챙기도록 한다. 점심시간일 수도 있고, 일하기 전이나 일이 끝난 후일 수도 있지만, 자신의 일정에 맞춰야지 다른 사람의 일정에 맞추면 안 된다. 휴식한 느낌이 들 정도의 충분한 시간이어야 하지만, 다른 목표에 방해가 될 정도로 너무 길어서는 안 된다. 스트레스 관리의 핵심은 수많은 할 일을 하면서도 시간 관리에 실패하지 않는 것임을 기억하자. 어느 하나에 너무 많은 시간을 소비하면 다른 데에서 괴로워진다.

매주, 매달, 매년 휴식시간을 계획하자

남들이 나를 위한 시간을 챙겨 줄 것이라고 생각하지 말자. 내가 먼저 계획할 필요가 있다. 이는 매일 쉬는 시간을 확보하는 것이다. 이 시간은 다소 길어야 하며, 즐거운 활동을 하는 데 써야 한다. 휴가는 원하는 만큼 짧을 수도 길 수도 있지만, 일단 먼저 계획하고, 반드시 떠나기 직전이나 돌아온 직후에 중요한 일을 계획하지 않도록 한다. 누구나 가정과 직장 일로 다시 적응하는 데 시간이 필요하며, 이 계획도 세워야 한다.

그저 싫다고 하자

"싫어."라고 말하거나 타인의 요구를 거절하는 것은 연습과 계획이 필요하다. 우선순위가 명확해질수록 싫다고 말하는 능력도 어느 정도 향상된다. 우선순위가 높은 꼭 마쳐야 할 사건이나 일이 있는데, 누군가 도와달라고 할 경우 여러분은 이미 시간이 안 돼서 도울 수 없다는 것을 알고 있다. 그렇다고 해서 여러분이 무례하게 굴어도 된다는 의미가 아니다. 반대로 사람들은 여러분이 우선순위를 정해서 할 수 없거나 강압적으로 해도 대충 할 것 같으면 차라리 거절하는 것을 고마워한다. 자신의 한계를 알고 남들이 과하게 요구할 때 자기주장을 하자.

미루지 말자

옛 속담에 '오늘 할 일을 내일로 미루지 말자.'는 말이 있는데, 바로 여기에 적용된다. 목표를 이루고 자신에게 보상하는 것은 스트레스를 줄이는 데 큰 효과가 있다.

스트레스와 기분 관리를 위한 인지모형

이쯤에서 스트레스 반응을 관리하는 데 있어 생각이 중요하다는 것을 집단과 토의한다. 생각은 사람이 스트레스를 받고 속상해지는 과정에 영향을 미친다. 또한 생각을 통해 스트레스가 삶에 미치는 영향을 줄일 수도 있다. 보통 생각하고, 느끼고, 반응하는 과정은 다음과 같다.

- 무슨 일이 일어난다.
- 그 일에 대해 여러 생각이 떠오른다.
- 이 생각으로 인해 좋거나 나쁜 느낌이 생긴다.
- 그 느낌에 따라 행동한다.

이 과정을 집단에 설명해 주기 위해 다음의 예시를 이용한다.

미영 씨는 정확히 예약한 시간에 치과에 도착하였습니다. 유감스럽게 2시간이나 기다렸는데도 직원 중 아무도 말을 걸지 않았습니다. 미영 씨는 지난번에 자신이 연락 없이 예약시간에 오지 않았기 때문에 치과의사가 화가 나서 일부러 기다리게 한다고 생각했습니다. 처음 떠오른 생각은 치과의사가 쪼잔하고 복수나 하는 사람이라 벌 받아 마땅하다는 것이었습니다. 이런 생각이 드니 너무 화가 나서 접수하는 직원에게 소리를 지르고는 진료실을 박차고 나가 버렸습니다.

긍정적인 생각을 통해 다른 각본을 만들어 보라고 한다. 예를 들어, 치과의사가 응급 환자 때문에 어려운 시술을 하고 있어서 늦어지는 것이라고 생각했다면, 그를 쪼잔하다거나 복수나 하는 사람이라고 생각하지는 않았을 것이다. 또한 진료실에 더 머물다가 받아야 할 시술을 받게 되거나, 다른 날로 일정을 다시 잡았을 수도 있다. 이러한 기법을 '**인지재구성**cognitive reframing'이라고 하며, 부정적인 생각을 긍정적인 생각으로 재구성한다는 의미이다.

스트레스와 기본 관리를 위한 인지모형에 따르면, 사람들은 상황에 대한 생각에 따라 매우 다르게 행동한다. 이처럼 깊이 생각하지 않고 순간 떠오른 생각들을 **자동사고**automatic thought라고 부른다는 것을 부모에게 설명한다. 부모가 자신의 감정과 행동을 조절하기 위한 첫걸음으로 자신의 생각을 알아차릴 필요가 있다. 미영 씨의 예로 돌아가 보자.

미영 씨의 경우, 접수하는 직원에게 차분하게 질문하기만 했어도 분노폭발을 막을 수 있었습니다. 미영 씨가 맘에 들지 않는 설명을 들었을지라도 일단 질문을 했다는 점과 정서 조절을 했다는 사실은 자신의 욕구를 가장 효과적으로 충족시키는 데 도움이 되었을 것입니다. 우리가 오해하고 대인관계에서 문제가 생기고 스트레스가 증가하는 경우는 대부분 섣불리 단정 지을 때입니다. "물어보자, 단정 짓지 말고."라는 말은 이 순간 꼭 기억해야 할 좋은 말입니다.

스트레스에 대한 반응을 다루는 데 있어 문제가 생겼을 때, 자신의 느낌을 변화시키는 데 있어서 자신의 생각을 사용하는 것을 배울 수 있다고 부모에게 알려 준다. 아동에 대해 가지고 있는 부정적인 생각 중 일부라도 파악해 보도록 하고, 그 생각으로 인해 어떤 부정적인 효과가 생기는지 깊이 생각해 보도록 한다.

아동용 대처능력 프로그램 중에는 자신의 생각이 느낌에 어떤 영향을 주며, 또 자신의 느낌은 행동에 어떤 영향을 미치는지에 대해 아동에게 가르치는 부분이 있다고 알려 준다. 이 개념에 대해 아동에게 말하고 긍정적으로 재구성하는 모범을 보여 준다.

역할극 훈련

부모-자녀 상호작용 시 나타날 수 있는 상황을 묘사한다(예를 들어, 아동이 시험을 망친 후 귀가한다, 집에서 무언가를 깨뜨린다, 무언가를 바닥이나 양탄자에 흘린다). 역할극에서 집단 진행자는 부모 역할을 하면서 생리적 각성(예를 들어, 주먹을 움켜쥐고, 이를 악물고, 숨을 참는다.) 모습을 보여 주고, 부모가 품었을 법한 역기능적인 생각(예를 들어, '저 자식을 죽여 버리겠어, 더 이상 저 자식을 감당할 수가 없어.')을 큰 소리로 말한다. 그러고는 과잉 반응을 한다(예를 들어, 아동을 향해 소리 지른다, 한 달간 외출을 금지 시킨다). 아동도 똑같이 과잉 반응으로 대응한다(예를 들어, 가출).

부모들에게 역할극에 대해 이야기하도록 한다. 역기능적인 생각과 생리적 각성으로 인해 부모가 과도하게 행동하게 되는 과정을 짚어 준다.

생각, 느낌, 행동

부모와 생각, 느낌, 행동 기록지 예시(〈표 6-1〉 참조)를 살펴보면서 회기를 시작한다. 같은 예시가 부모용 워크북에도 포함되어 있다. 이런 것을 하느라 시간을 보내고 싶진 않겠지만, 글로 적어 봄으로써 보다 자신을 잘 이해하게 되고 자신의 감정 반응을 보다 잘 조절할 수 있게 된다.

느낌 단어 목록이 워크북에 있으며, 부모 각자의 느낌 상태를 기술하는 예시를 제공하였다. 전혀 다른 느낌 상태를 기술하는 데 같은 단어를 사용하는 경우가 흔하다. 하지만 느낌 상태를 정확하게 식별하는 것은 정서 반응을 조절하는 데 있어서 매우 중요한 과정이다(예를 들어, 분노는 강도가 다양하며, 약간 짜증났을 때와 격분했을 때 우리가 반응하는 방식에는 큰 차이가 있다).

〈표 6-1〉 생각, 느낌, 행동 기록지를 다 채운 예시

생각, 느낌, 행동 기록지		
역기능적 생각의 순서		
생각	**느낌**	**행동**
애가 날 다치게 하려고 고의적으로 이런다.	격분	애한테 소리 지르거나 때린다.
애가 나한테 관심이 없다.	우울	자녀 돕기를 포기한다.
버릇이 없어서 어찌 할 수가 없다.	절망	자녀에게 신경을 끈다.
애가 이러는 걸 보면 난 형편없는 부모이다.	죄책감, 부적절함	부정적인 행동에 보상한다.
기능적 생각의 순서		
생각	**느낌**	**행동**
자녀의 의도는 좋으나, 행동 조절이 항상 잘 되는 것은 아니다.	다정한, 단호한	문제행동에 친절하면서도 엄격한 반응을 한다.
가끔 버릇없이 행동하지만 자녀는 날 사랑한다.	행복감, 안전감	자녀를 돕기 위한 양육 기술을 끝까지 배운다.
내가 도와주면 자녀의 행동이 나아질 수 있을 것이다.	단호한, 이해심 있는	자녀의 긍정적인 행동에 주목한다.
난 좋은 부모이다.	유능감	다정하면서도 엄격하게 행동한다.

각 부모에게 부정적인 생각과 느낌 때문에 극단적인 행동을 했던 경우의 예를 들어보도록 한다. 이러한 경험을 나누면서 부모를 지지해 주고, 다른 부모들도 서로를 지지해 주도록 한다.

또 부모가 개인적으로 경험한 사건 중에 긍정적이면서도 적절한 생각과 느낌이 들어서 그 상황에 딱 맞는 행동을 했던 예를 들어 보도록 한다. 그때 아마도 아동에 대한 긍정적이거나 중립적인 생각을 함으로써 극단적인 정서·행동 반응을 조절할 수 있었을 것이다. 예를 들어, 자녀가 부모의 집안 청소를 돕다가 비싼 등을 깼다고 하자. 이는 그저 실수일 뿐이고 그나마 부모를 도우려다 생긴 실수라 생각함으로써 분노를 흘려보낼 수 있고, 자녀가 그 일로 인해 죄책감을 느끼지 않도록 도울 수 있다.

시간이 된다면 회기 중에 생각, 느낌, 행동 기록지를 부모들에게 직접 작성하도록 해 본다. 개인적인 예를 한두 가지 적어 보는데, 몇 가지 사건과 그 사건과 관련된 생각들, 그 생각으로 인한 부정적인 행동이나 과잉행동을 적어 보라고 한다. 보다 양호한, 대체할 만한, 극단적인 반응으로 이어질 가능성이 적은 생각을 적어 보라고 지시한다. 다른 부모가 대체할 만한 보다 양호한 생각을 만들어 내도록 집단원이 도와주도록 한다. 워크북에 있는 사용하지 않은 부모용 기록지를 제공한다.

숙제

✎ 워크북에 있는 생각, 느낌, 행동 기록지를 회기 중에 다하지 못했으면 다음 시간까지 해 오도록 한다.

✎ 스트레스 관리 기법을 계속 적용하고, 필요하면 개인 계획을 조정해 본다.

CHAPTER 07

5회기:
기본 사회학습이론 및 부모자녀 관계 증진

필요한 재료

* 괘도와 마커펜
* 사회학습이론의 ABC 모형
* 아동행동점검표

회기 개요

*주제 선정하기
*이전 회기 복습 및 숙제 확인하기
*기본 사회학습이론의 모형(ABC 모형) 제시하기
*바람직한 행동에 대한 긍정적인 결과의 개념 소개하기
*행동을 추적하고 이름 붙이는 것에 대해 토의하기
*부모자녀와의 특별시간의 목표 제시하기
*숙제 내주기

주제 선정하기

참석한 모든 부모를 환영하면서 지난 회기 이후에 나타난 반응이나 질문이 있는지 확인한다. 괘도에 오늘 회기의 주제를 적는다. 회기를 진행하면서 제시된 주제를 반복적으로 언급한다.

이전 회기 복습 및 숙제 확인하기

이전 회기에서 계속해서 스트레스 관리 기법에 대해 토의하였다. 또한 스트레스 반응을 다루는 데 있어 생각이 중요하다(스트레스와 기분 관리의 인지 모형)는 점에 대해서도 토의하였으며, 자신을 좀 더 이해하기 위해, 또 자신의 정서 반응을 보다 잘 조절하기 위해 생각, 느낌, 행동 기록지를 어떻게 사용할지에 대해서도 토의하였다.

지난주 숙제는 스트레스 관리 기법을 계속 적용하는 것이었다. 간략하게 집단원의 숙제를 확인하고 적절한 질문과 걱정에 대해 다룬다.

기본적인 사회학습의 원리

기본적인 사회학습 모형을 제시하면서 토론을 시작한다. 다음의 예시를 사용해도 좋다.

학교에서 모둠 활동을 하면서 여러분의 자녀는 자신의 행동을 조절하고, 분노에 대처하고, 친구나 선생님과 소통하는 기술을 배우게 됩니다. 이러한 기술은 사회학습이론에 기초하는데, 사회학습이론이란 행동이 그 행동의 직전이나 직후에 발생한 사건에 영향을 받는다는 이론입니다. 예를 들어, 이 연령대의 아동은 대개 자신이 무언가 했을 때 부모가 어떻게 반응하는지에 대해 엄청나게 집중하는 경향이 있습니다. 흔히 부모의 행동은 향후 자녀가 하게 될 행동과 관련성이 매우 높습니다. 여러분은 부모이기 때문에 아동의 긍정적인 행동을 늘리고 부정적인 행동을 줄이는 데 있어 많은 것을 해 볼 수 있습니다.

ABC 모형

워크북 5장의 사회학습이론 모형을 참조하도록 한다. 여기서도 사회학습이론 모형을 [그림 7-1]에 제시한다.

[그림 7-1] **사회학습이론의 ABC 모형**

이제부터 사회학습이론 모형에서 B에 해당하는 아동의 **행동**behavior에 대해 충분히 토의할 것이라고 설명한다. 행동이란 아동이 하는 **관찰 가능한 것**을 말한다. 행동은 바람직할 수도, 바람직하지 않을 수도 있다. 예를 들어, 걷기, 외치기, 다투기, 때리기, 설거지하기 등은 모두 행동이다. 행동과 **특성**의 차이를 부모가 확실히 이해하도록 한다. 특성의 예로는 고집, 치사함, 게으름 등이 있다. 아동과 부모 모두 바꿔야 하는 것이 무엇인지 알고 있기에 행동은 바꿀 수 있다. 영철이가 여동생을 때려서 부모가 여동생을 때리지 말라고 말하면, 영철이는 어떤 행동이 용납되지 않는지 확실히 알게 된다. 그게 아니라 그저 나쁜 짓을 하지 말라고 말하면, 영철이는 무엇을 그만해야 할지 확실히 이해하지 못하게 된다.

사회학습이론 모형에서 A는 **선행사건**antecedent을 의미하며, C는 **결과**consequence를 의미한다. 선행사건은 아동의 행동 직전에 일어난 사건을 말하며, 결과는 행동 직후에 일어난 사건을 말한다. 선행사건과 결과는 부모가 자녀의 행동을 조절하는 방법과 깊이 관련되어 있다.

바람직한 행동에 대한 긍정적인 결과

바람직한 행동에 보상을 하려고 긍정적인 결과를 사용함으로써 아동의 행동을 수정하는 방법에 대해 부모와 토의한다. 연구에 따르면, 아동이 바람직한 행동에 대해 긍정적인 결과를 얻으면 향후에 그 행동을 반복할 가능성이 높아진다고 한다. 가능한 한 결과는 행동과 가깝게 일어나야 하며, 이럴수록 자신의 행동 때문에 이런 결과가 되었다고 연결을 지을 가능성이 높아진다.

부모들에게 긍정적인 결과의 예를 들어 보도록 한다. 심부름 다녀오기, 영화나 과자 사기 같은 것이 있겠다. 칭찬은 쉽고, 비용대비 효과적인, 강력한, 긍정적인 강화물reinforcer[1]이므로 칭찬을 사용하는 것이 중요하다는 점을 확실히 강조한다. 부모가 칭찬하면 아동이 바람직한 행동을 할 가능성을 높이며, 아동의 자존감을 높여 준다.

워크북의 '칭찬의 힘' 부분을 참조하도록 한다. 간혹 부모들은 아동이 행동한지 한참 지나서 칭찬해도 괜찮은지 묻곤 한다. 이 질문에 대한 답은 '그렇다'이다. 하지만 뒤늦은 칭찬보다 즉각적인 칭찬이 훨씬 효과적이라는 점을 강조하는 것이 중요하다. 부모에게 "아동이 바람직한 행동을 할 때를 포착하세요."라는 말을 기억하라고 한다. 이러면 바람직한 행동을 강화하기 위한 칭찬 사용하기를 잘 기억하게 해 준다. 어쩌다 즉시 칭찬하지 못한 경우, 칭찬할 만한 일을 나중에 알아챈 경우에 칭찬하지 말라는 말이 아님을 확실히 강조한다. 뒤늦게 하는 것보다는 일찍 하는 게 낫기는 하지만, 칭찬은 언제나 할 수 있다.

부모가 할 수 있는 칭찬에는 두 종류가 있다. 구체적 칭찬과 모호한 칭찬의

1) 아이들이 좋아하여 보상으로 작용하는 물건이다.

차이를 분명히 한다.

두 가지 칭찬 모두 효과적이며, 상황에 따라 어느 한쪽이 보다 적절할 수 있다. 아동이 새로운 바람직한 행동을 배우면서 어려워할 때에는 구체적 칭찬이 더 나을 수 있다.

* **구체적 칭찬**은 아동이 한 행동이 좋은 것이라고 정확하게 확인해 주는 것이다. 예를 들어, "저녁 먹기 전에 숙제를 하니까 좋네."라고 하는 것은 구체적 칭찬의 예이다.
* **모호한 칭찬**은 아동에게 무엇인가 잘했는데, 그 행동이 무엇인지 정확하게 말해 주지 않는 것이다. 예를 들어, "잘했어."라고 하는 것은 모호한 칭찬의 예이다.

긍정적인 행동과 부정적인 행동 추적하기

긍정적인 결과를 효과적으로 사용하기 위해 자녀의 행동을 알 필요가 있다는 점을 설명한다. 대개 부모들은 바람직한 행동은 간과하지만 그렇지 않은 행동은 금세 알아챈다.

부모들에게 워크북 5장의 아동행동점검표를 참조하도록 한다. 점검표의 오른쪽에는 긍정적인 행동이, 왼쪽에는 부정적인 행동이 나온다. 부모가 보기에 자녀의 문제 되는 행동을 표시하라고 한다. 자녀에게 부정적인 행동이 있지만 이 목록에는 없다면 아래쪽의 '기타'라고 쓰인 공간에 적도록 한다. 부정적인 행동을 다 표시했으면, 앞으로 돌아가서 가장 문제가 되는 행동 세 가지를 골라서 각각 1, 2, 3으로 번호를 붙이도록 한다. 아동행동점검표를 〈표 7-1〉에 제시한다.

〈표 7-1〉 아동행동점검표

부정적인 행동	긍정적인 행동
□ 다툰다.	□ 차분하게 말하고, 어른의 결정을 따른다.
□ 뜻대로 안 되면 운다.	□ 울지 않고 차분하게 이야기한다.
□ 어른에게 반항한다.	□ 지시와 규칙에 따른다.
□ 물건을 부순다.	□ 물건을 적절하게 다룬다.
□ 무서워한다(부적절하게).	□ 용감하고, 주장할 수 있다.
□ 형제와 다툰다.	□ 형제와 같이 놀고 나누며, 형제를 돕는다.
□ 불을 지른다.	□ 불장난 하지 않는다.
□ 다른 사람을 때린다.	□ 언어적으로 문제를 해결한다.
□ 부산하다.	□ 조용히 행동한다.
□ 신경질적이다.	□ 집중한다.
	□ 온화하고 느긋하다.
□ 거짓말을 한다.	□ 정직하다.
□ 시끄럽다.	□ 조용하고, 고요하며, 평화롭다.
□ 어른 말에 신경 쓰지 않는다.	□ 지시에 따르고 결정을 받아들인다.
□ 식사를 잘 하지 않는다.	□ 식욕이 왕성하다.
□ 뾰루퉁하다.	□ 실망감을 잘 이겨 낸다.
□ 늦게까지 집에 들어오지 않는다.	□ 통금시간을 지킨다.
□ 물건을 훔친다.	□ 남의 것을 소중히 여긴다.
□ 어른에게 말대꾸한다.	□ 공손하고 경청한다.
□ 남을 괴롭힌다.	□ 남을 칭찬하고, 모욕하지 않는다.
□ 짜증을 낸다.	□ '안 되는 것'을 받아들이고, 잘 협상한다.
□ 징징댄다.	□ 나이에 맞는 목소리로 말한다.
□ 소리 지른다.	□ 보통 크기로 말한다.
□ 학교에서 사고를 친다.	□ 학교에서 훌륭하게 행동한다.
□ 기타 ________________	□ 기타 ________________
□ 기타 ________________	□ 기타 ________________

자신의 아동이 '어른 말에 신경 쓰지 않는다.'에 해당되면 부정적인 행동으로 택하도록 한다. 공격적인 아동에게 **불복종**은 매우 중요한 목표행동이다. 때로 부모들은 다른 것을 말하면서 불복종이라고 할 때도 있다. 예를 들어,

어떤 부모는 "얘가 말을 듣질 않아요."라거나 "태도가 나빠요." "날 존중하지 않아요."라고 말하는데, 사실 "얘가 어른의 지시를 따르지 않아요."를 의미하는 경우가 있다. 그런 경우, 부모가 다른 행동이라고 말하지만 사실 불복종을 말한다는 것을 분명히 한다.

숙제로 부모가 점검표에 표시한 가장 심한 세 가지의 부정적인 행동과 그 반대되는 긍정적인 행동을 추적해서 워크북의 **행동추적 기록지**[2]에 기록하도록 한다. 기록지를 채우는 방법은 워크북에 포함되어 있다.

아동이 부정적인 행동을 하기 시작하면 부모는 무엇을 해야 할지 묻는 경우가 있다. 그러면 지금 초점은 행동을 지켜보고 긍정적인 행동에 보상하는 것이기 때문에 일단은 평소에 하던 대로 하라고 말한다. 다음 회기에 부정적인 행동의 결과에 대해 말할 것이며, 그때 이 기법이 효과적이지 않은 것 같다면 다른 방법을 사용할 수 있다.

부모자녀와의 특별시간

바람직한 행동에 칭찬하는 것 외에도, 아동과 문제 중심의 대화만이 아니라 편한 시간을 보내는 것도 중요하다고 설명한다. 예를 들어, 다음의 예시를 사용해도 좋다.

> 자녀가 나이를 먹어도 여러분은 자녀에게 있어 여전히 가장 중요한 사람입니다. 여러분은 자녀가 스트레스를 받을 때 의지하는 사람이며, 자녀의 역할 모델이 되는 사람

2) 탁상달력처럼 선이 그어진 종이의 가로 방향으로는 요일이, 세로 방향으로는 좀 전에 선택한 부정적인 행동 3개와 긍정적인 행동 3개를 적은 후, 향후 2주 동안 이 행동들이 매일 있었는지 표시하는 기록지이다.

입니다. 여러분과 자녀가 서로 긍정적인 관계를 만들고 규칙적으로 가꾼다면, 여러분의 자녀는 앞으로도 여러분을 믿고 따를 것입니다. 여러분의 자녀와 친밀하고 긍정적인 관계를 유지하는 것은 외부의 부정적인 영향에 대처하는 최선의 방법입니다. 이러한 영향을 미치는 것으로는 또래집단(범죄 집단 같은), 언론, 부정적인 어른 역할 모델이 있겠지만 이에 국한되지 않습니다. 연구에 따르면, 부모와 밀접하고 긍정적인 관계를 유지하는 아동은 범죄 집단에 들어갈 가능성이 적고, 비행 청소년 집단에 영향 받을 가능성이 적으며, 부정적인 또래의 압력에 확고하게 버틸 가능성이 높습니다.

자녀의 연령에 적절한 것으로서 부모가 함께할 만한 활동이 있을지 아이디어를 내보도록 한다. 부모들에게 창의적으로 생각해 보고, 아동의 입장에서 생각해 보도록 한다. 가족을 위해 해야 할 행동(예를 들어, 집안일, 식료품 구매)보다 아동이 즐거워할 행동을 생각해 보도록 한다. 괘도에 떠오른 생각들을 적어 보고, 워크북에도 적어 보도록 한다.

대단한 오락 활동 없이 그저 편하게 자녀와 매일 10~15분 정도의 시간을 따로 잡는 방법만으로도 여러분의 자녀와 긍정적인 관계를 유지할 수 있습니다. 예를 들어, 하루 15분 정도 자녀와 이야기해 볼 수 있습니다. 학교생활에 대해 묻고, 주말 계획에 대해 묻고, 그저 자녀가 하는 활동에 관심을 보입니다. 하루 15분 동안 함께하는 활동(예를 들어, 게임하기)을 할 수도 있고, 같이 대화할 수도 있습니다. 게다가, 이 나이대의 어떤 자녀는 부모가 책 읽어 주는 것을 좋아할 수도 있으며, 이 또한 부모자녀 사이의 친밀한 관계를 형성하는 데 좋은 방법입니다. 핵심은 자녀와 보내는 시간을 문제나 부정적인 행동에 대해 이야기하는 것이 아니라 긍정적인 상호작용을 하는 데 사용해야 한다는 것입니다.

이 시간은 상호작용을 위한 시간으로, 그저 같이 있는 것(예를 들어, 함께 TV

보기)이 아니라는 점을 강조한다. 아동이 부모와 함께 있는 시간을 재미있어 하고 관여하는 것이 중요하다. 부모는 아동이 긍정적으로 말하고 관계하도록 부추길 필요가 있다. 특별시간 동안 아동이 부모와 말하고 관계하도록 부추길만한 좋은 아이디어가 있는지 물어본다.

창의적으로 아이디어를 내보고, 그 아이디어를 적어 본다. 틀림없이 다음과 같은 방법들이 포함될 것이다.

* 아동을 자주 칭찬한다.
* 흥미를 보이며 질문한다.
* 무슨 일이 생기더라도 비난하거나 질책하지 않는다.
* 모든 문제는 나중으로 연기한다.
* 논란이 있는 주제는 피한다.
* 함께했다는 것을 그저 즐긴다.
* 여러분의 자녀가 활동을 고르도록 한다.
* 아동이 어떤 활동을 고르든 최선을 다해 참여한다.

부모들이 목록을 다 작성하면 전체적으로 다음과 같은 질문을 한다.

* 규칙적으로 활동이나 대화를 함께하면서 여러분의 자녀와 긍정적인 만남을 가지는 것은 어떠세요?
* 이 방법이 강력한 부모자녀 관계를 만들어 내고 유지하는 데 도움이 될 것이라고 생각하나요? 그렇다면 왜 그럴까요?

아동과 무슨 활동을 해 보고 싶은지 부모에게 결정해 보도록 한다. 각 부모에게 일주일에 몇 번이나 아동과 긍정적으로 상호작용하는 시간을 가질 수 있을지 목표를 정해 보도록 한다. 이 활동에 배정할 시간과 빈도가 현실적으로 가능한 수준이어야 함을 강조한다. 예를 들어, 하루에 10~15분 정도, 이것도 그나마 1주에 3~4회만 해 보도록 제안한다. 이 정도만 해도 부모-자녀 관계에서의 긍정적인 변화를 이끌어 내는 데 좋은 시작일 수 있다. 시간이 지나면서 함께하는 특별시간이 늘어난다면 최상일 테지만, 시간이 짧더라도 안 하는 것보단 낫다.

부모에게 워크북 5장의 특별시간 기록지를 참조하도록 한다. 첫째 줄은 빈도에 대해 목표를 정하는 곳이다(예를 들어, 주 3회 1시간씩, 주 1회 20분씩). 매번 자녀와 함께한 활동과 시간을 적는다. 특별시간을 함께하면서 눈에 띄는 점이 있으면 꾸준히 지켜보고 기록한다. 기록지 아래쪽에 이를 위한 빈칸이 있다.

숙제

- 2주간 행동추적기록지를 작성하도록 한다. 긍정적인 행동을 칭찬하는 것도 중요하고, 부정적인 목표행동(줄어야 할 행동)에 반대되는 친사회적인 행동을 지켜보는 데 도움이 되는 추적기록지를 사용하는 것도 중요하다는 점을 꼭 강조한다.
- 다음 회기에 올 때 추적기록지를 완성해서 가져오도록 한다.
- '특별시간'을 목표만큼 해 보도록 강조한다. 특별시간기록지를 완성하는 법을 제대로 이해했는지, 기억이 나지 않으면 워크북 5장을 찾아보면 된다는 것을 알고 있는지 확인한다.
- 복습과 토론을 위해 다음 회기에 특별시간기록지를 완성해서 가져오도록 한다.

CHAPTER 08

6회기:
사소한 문제행동 무시하기

필요한 재료

* 괘도와 마커펜

회기 개요

*주제 선정하기

*이전 회기 복습 및 숙제 확인하기

*사소한 문제행동을 다루는 기법으로서 무시하기에 대해 토의하기

*무시하기 기법을 보여 주기 위해 역할극 해 보기

*숙제 내주기

주제 선정하기

참석한 모든 부모를 환영하면서 지난 회기 이후에 나타난 반응이나 질문이 있는지 확인한다. 괘도에 오늘 회기의 주제를 적는다. 회기를 진행하면서 제시된 주제를 반복적으로 언급한다.

이전 회기 복습 및 숙제 확인하기

이전 회기에 우리는 사회학습이론의 ABC 모형, 긍정적인 결과를 어떻게 사용할지, 바람직한 행동에 보상하기 위해 칭찬하기, 부모자녀와의 특별시간이 중요하다는 점 등에 대해 이야기했다.

숙제의 중요성을 강조한다. 열심히 참여할수록 아동의 행동에 강력한 영향을 미칠 수 있다고 부모에게 다시 한 번 말해 준다. 기술을 연습하는 것은 매우 중요한데, 특히 이런 기술이 낯설 경우 더욱 중요하다. 또한 처음에는 한 번에 기술 하나를 배우기 때문에 큰 변화를 경험하지 못할 수 있다고 설명한다. 전체 프로그램이 제자리를 잡으면 아동에게서 보다 큰 변화를 경험하게 된다. 또한 부모와 자녀가 각자의 프로그램을 다 마쳤을 때 더욱 큰 변화를 보게 될 것이다.

지난 시간에 내준 숙제는 긍정적인 행동이나 부정적인 행동을 추적하기, 긍정적인 행동에 칭찬이나 긍정적인 결과 제공하기, 부모가 자녀와 특별시간을 가지기였다. 각각의 숙제에 대해 부모들과 몇 분 정도 이야기한다.

긍정적인 행동과 부정적인 행동 추적하기

행동을 추적하고 긍정적인 강화를 사용하면서 어떤 문제나 영향이 있다면 토의한다. 부모가 자녀의 행동에 주의 집중하는 시간이 늘어나면서 자녀가 행동에 더 많이 주목했는지 물어본다. 숙제와 관련된 초기의 부정적인 반응은 정상적이라고 꼭 말해 준다. 바람직한 행동에 계속 칭찬해 주면 아동도 긍정적으로 반응할 가능성이 높아진다고 부모에게 말해 준다(예를 들어, 자존감이 향상되고, 바람직한 행동이 눈에 띌 만큼 늘어날 것이다.). 추적기록지 상에 긍

정적인 변화가 나타난다면 그 부분을 언급한다(즉, 몇 주에 걸쳐 바람직한 행동에 대한 기록이 더 늘어남)

부모자녀와의 특별시간

부모가 작성한 특별시간기록지를 살펴보고 함께한 활동의 종류를 평가한다. 상호작용이 없는 활동을 했다거나, 연령에 적절하지 않았거나, 아동의 관심을 반영하지 않은 경우(예를 들어, 화장실 청소하기)가 있었다면 꼭 짚고 넘어간다.

사소한 문제행동은 무시하기

지난 회기에는 긍정적인 행동에 칭찬하는 기법에 대해 토의하였다. 오늘은 부정적인 행동에 대한 결과에 대해 이야기할 것이다. 벌은 유용하고 효과적인 기법이지만 문제행동을 다루는 유일한 방법은 아니라고 말해 준다.

다른 전략으로는 사소한 문제행동을 무시하는 방법이 있다. 문제행동이란 다른 사람을 거슬리게 하거나 짜증나게 하지만 위험하지는 않은 행동을 말한다. 이러한 행동은 부모의 과잉 반응을 유발한다. 과잉 반응의 예로 징징대거나, 조르거나, 성질 내기 같은 작은 잘못에 때리거나, 소리를 지르거나, 한 달 동안 외출을 금지시키거나, 모든 특권을 제한하는 것 등이 있다. 과잉 반응은 부모가 자신의 정서와 행동을 조절하지 못하는 신호라는 것을 깨닫는 것이 중요하다고 부모에게 말해 준다. 부모 역할을 잘하려면 조절 능력을 회복하는 것이 중요하다는 점을 강조한다. 심각하고 위험한 행동(예를 들어, 동생을 두들겨 팸, 가게에서 부모 허락 없이 사라짐)을 무시하라는 말이 아니라는 점을 분명히 한다. 이런 행동들은 무시해서는 안 되며, 어떤 식으로든 대처해야 한다.

연구에 따르면, 아동이 부정적인 행동을 하는 것을 목격한 즉시 아동에게 말을 하게 되면 실제로는 행동에 대한 보상으로 작용해서 그 행동이 다시 발생할 가능성이 높아진다고 한다. 특히, 말하기는 심지어 혼내기나 꾸짖기조차 실제로는 아동이 그 행동을 되풀이할 가능성을 높일 수 있다. 얼핏 생각하기에는 안 그럴 것 같지만 사실상 이렇게 되며, 아마도 아동이 긍정적이든 부정적이든 부모의 관심받기를 원하는 점과 관련되지 않을까 싶다. 따라서 무시가 효과적인 기법일 수 있다. 무시란 아동이 부정적인 행동을 하는 한, 아동과의 모든 의사소통을 차단하는 것을 의미한다. 이는 아동에게 말하지 않을 뿐 아니라 전혀 쳐다보지도 않는 것을 의미한다.

쉬워 보이지만 사실 무시하기는 매우 어렵다. 특히 아동이 부모와 계속 말다툼하려 할 때에는 더욱 어렵다. 아동의 사소한 부정적인 행동을 무시하려고 처음 시도할 때, 그 행동의 빈도가 올라갈 수 있다는 점을 부모에게 알려 준다.[1] 이는 흔한 일이며, 어느 정도 예상된다. 이는 아동이 부정적으로 주목 받으려고 더욱 애쓴다는 의미이다. 하지만 부모가 무시 기법을 한동안 사용하게 되면, 결국 부정적인 행동의 빈도가 줄어들기 시작한다. 일단 부정적인 행동을 무시하는 작업을 성공적으로 마무리했다면, 칭찬할 만한 긍정적인 행동이 있는지 찾아보는 것이 중요하다.

무시 기법에 대한 보다 자세한 정보를 원하면 워크북 6장을 참조한다.

역할극 훈련

무시 기법을 보여 주기 위해 집단 역할극을 두 번 한다. 첫 번째 역할극에

1) 특정 상황에 학습된 행동을 없애기 위해 보상을 없애거나 무시로 대처하게 되면 바로 행동이 사라지지 않고 일시적으로 그 행동 빈도가 늘어나는 현상이 있는데, 이를 소거폭발extinction explosion이라 하며, 보상 제거와 무시하는 기간이 좀 더 지속되면 점차 학습된 행동이 소거된다.

서 주 진행자와 보조 진행자는 부모가 아동을 제한하는 상황을 보여 주도록 한다(보조 진행자가 없을 경우에는 부모 중 한 명이 아동 역할을 하도록 요청한다). 아동 역할을 하는 사람이 싸움을 걸고, 부모 역할을 하는 사람은 싸움에 휘말리면서 말투가 거칠어지고 목소리가 커진다. 망설이지 말고 적극적으로 연기하다 보면 다소 웃기기도 할 것이며, 그러면 역할극을 하는 것이 더욱 쉬워질 것이다. 두 번째 역할극에서는 부모가 정확하게 무시하는 반응을 보여 주는 것이다. 아동 역할을 하는 사람은 행동을 더욱 격하게 하면서 부모가 자신을 무시하지 못하게 만들려 하지만, 부모는 아동 역할을 하는 사람을 계속 무시해야 한다. 역할극이 끝난 후, 부모 역할을 하는 진행자가 더욱 나쁜 행동을 하려는 아동 역할의 사람을 계속 무시하는 것이 상당히 힘들었다는 점에 대해 부모들과 토의한다.

역할극이 끝난 후, 두 명의 부모에게 역할극을 똑같이 해 보도록 한다. 비슷한 역할극을 진행하다가 부모가 무시하는 역할을 하고 나서, 부모가 잘한 점과 아동을 무시하면서 자제력을 유지한 방법에 대해 집단으로부터 의견을 들어본다.

요약

무시 기법에 대한 역할극을 해 보면서 어떤 것을 보았으며 무슨 생각이 들었는지 물어본다. 그렇다면, 이 문제를 앞에 제시한 대로 다룬다. 부모에게 워크북 6장의 **칭찬과 행동 무시 추적기록지**[2]를 참고하도록 한다. 부모마다 무시를 시도해 보고 싶은 아동의 행동 세 가지와 그 반대에 해당하는 긍정적인

2) 제7장의 행동추적기록지와 유사하며, 부정적인 행동의 경우가 있었는지와 무시했는지를 표시하고, 긍정적인 행동의 경우가 있었는지와 칭찬했는지를 표시하는 기록지이다.

행동 세 가지를 적어 보라고 한다. 양식의 세로 방향으로 이 행동들을 적어 보라고 한다. 앞으로 2주 동안 이 행동을 추적해 보라고 한 후, 이 행동이 나타나면 동그라미로 표시하고 부모가 어떻게 반응했는지 적어 보라고 한다. 부정적인 행동을 찾아내는 데 도움이 필요하다면, 이전 회기의 아동행동점검표를 다시 참조하도록 한다.

숙제

- ✎ 부모에게 아동의 바람직한 행동을 계속 지켜보고 추적하다가, 나타나면 칭찬하라고 한다.
- ✎ 칭찬과 행동 무시 추적기록지를 사용하여 부정적인 행동을 추적하다가 나타나면 무시하도록 한다.
- ✎ 다음 회기에 올 때 추적기록지를 완성해서 가져오도록 한다.

CHAPTER 09

7회기:
아동에게 효과적으로 지시하기

필요한 재료

* 괘도와 마카펜

회기 개요

*주제 선정하기

*이전 회기 복습 및 숙제 확인하기

*효과적인 지시와 효과가 없는 지시가 어떻게 다른지 토의하기

*숙제 내주기

주제 선정하기

참석한 모든 부모를 환영하면서 지난 회기 이후에 나타난 반응이나 질문이 있는지 확인한다. 괘도에 오늘 회기의 주제를 적는다. 회기를 진행하면서 제시된 주제를 반복적으로 언급한다.

이전 회기 복습 및 숙제 확인하기

지난주에 다룬 사소한 문제행동 무시하기를 간략하게 복습한다. 칭찬과 행

동 무시 추적기록지를 작성한 부모에게 어떻게 했는지, 아동은 어떻게 반응했는지 발표하도록 한다. 아동의 부정적인 행동이 심해졌다면, 여러분은 "좋았어! 내가 제대로 하고 있군. 먹히기 시작하고 있어!"라고 외쳐야 한다. 아동의 문제가 심각해지는데 부모가 어떻게 단호할 수 있었는지 물어본다. 숙제를 하지 못한 부모에게는 어떤 장애물 때문에 숙제를 하지 못했는지, 아이가 어떻게 반응했기에 숙제를 할 수 없었는지 물어본다. 무시를 섬세하게 조절하는 방법에 대해 조언해 주고, 다른 부모들에게도 혹시 좋은 아이디어가 있는지 물어본다. 부모가 가져온 추적기록지에서 혹시 긍정적인 변화가 보인다면 언급한다.

아동에게 바람직한 행동이 나타나면 알아차리고 칭찬하는 훈련에 대해 물어본다. 이는 새로운 기술이 추가되더라도 계속 해야 할 숙제이다. 이 숙제를 하는 것이 이전에는 어려웠던 부모라면 혹시 이번 주에는 좀 나아졌는지 물어본다. 최소한 숙제를 하려고 한 부모라면 모두 칭찬한다.

효과적인 지시

지시를 따르는 것은 아동에게 적응적인 행동이다. 아동의 행동이 나아지는 측면에서 순응(또는 지시 따르기)이 중요하다고 말하면서 토론을 시작한다. 부모의 지시를 따를 수 없거나 따르려 하지 않는 아동으로 인해 가족 내에 부정적인 분위기가 형성된다고 설명한다. 이들의 반항과 저항으로 인해 다른 가족과 긍정적으로 상호작용하지 못하게 되며, 집에서 지시에 따르는 것을 배우지 못하면, 학교나 이웃, 친구 집 같은 다양한 상황에서도 순응하지 않을 것이다. 교사, 부모, 다른 어른들은 순응적이지 않고 반항적인 아동을 대하는 것을 좋아하지 않는다. 게다가, 학교에서 지시를 따르지 않으면 배울 수도 없을 것이고, 결국 유급하게 된다. 다른 부모들도 이 아동을 자신의 집에 들이고 싶지 않을 것이며, 결국 또래 관계도 영향을 받게 된다. 이처럼 어른의 지시를 따른다는 것은 아동이 배워야 할 매우 중요한 기술이며, 아동에게 이 기술을 가르치는 것은 부모의 책임이다. 어떤 아동은 집에서 지시를 따르는 데에는 문제가 없는데 학교에서만 문제가 되기도 한다. 이런 경우에는 학교에서의 행동이 나아지도록 하기 위해 집에서의 지시 따르기에 더욱 애써 보는 방법도 있다.

평소 집에서 아동에게 하는 지시의 예를 들어 보라고 부모들에게 요청한다. 말다툼을 하거나 반항적인 행동을 하지 않고 즉시 지시에 따를 것 같은지 물어본다. 어떤 아동은 적극적으로 대들거나 반항적인 행동은 하지 않고 수동적이지만, 순응하지 않는(지시에 따르지 않는) 경우가 있다. 예를 들어, 부모의 지시는 들었지만 아무 말 없이 하던 것을 계속하는 경우이다. 이 또한 순응하지 않는 것이다.

잘 지시하기

지시하기는 아동이 순응하든 안 하든 행동의 선행사건이다. 즉, ABC 중의 A에 해당하며, 행동보다 앞에 오는 것을 말한다. 5회기에 설명한 ABC 모형을 참고하도록 한다. 부모가 아동에게 잘 지시한다면, 아동이 따를 가능성이 높아진다. 아동에게 효과적이지 못한 지시를 한다면, 아동이 따르지 않을 가능성이 높다. 잘 지시하지 못했는데 아동이 따르지 않았다고 해서 벌을 주는 것은 바람직한 결정이 아니다.

아동에게 지시하기 전에 마음에 새겨 두어야 할 사항을 부모에게 말해 준다. 첫째, 지시하기 전에 어떻게 지시할지 계획해야 한다. 먼저 스스로에게 묻어본다. "이 지시가 반드시 따라야 할 지시라고 판단되나? 아동이 따르지 않으면 결과를 부과할 것인가?" 부모가 결과를 부과할 만큼 이 지시가 중요하지 않다면, 처음부터 이 지시를 하지 말아야 한다.

둘째, 지시하는 타이밍을 고려해야 한다. 부모가 아동에게 허락했던 활동(예를 들어, TV보기, 친구와 음악듣기, 농구하기) 중에 아동이 하는 것을 중단시키면, 아동이 불합리하다고 느끼면서 순응하지 않을 가능성이 높아진다. 다음 지시는 이전에 하던 활동을 마칠 때까지 기다리는 것이 좋다.

마지막으로, 부모가 아동에게 분명히 권위를 가지고 있을지라도 아동을 존중해 주는 것이 중요하다. 이 말은 적대적이거나 비꼬지 않는 좋은 억양으로 진지하게 말하라는 것이며, 부탁하듯이 말하지도 말라는 것이다.

올바른 지시와 올바르지 못한 지시의 특징

올바른 지시는 해야 할 것을 분명하고 직접적으로 말하는 것이다. 특히 지시는 다음과 같아야 한다.

* 지시는 직접적인 명령문이어야 한다.
* 지시는 딱 한 번만 해야 한다.
* 지시 후에 10초 정도 침묵한다.

이렇게 하면 아동의 주목을 강하게 끌면서 순응할 기회를 주게 된다. 지시는 진지하게 말해야 하며, 부탁하듯이 말하면 안 된다.

올바른 지시: 민수야, 네 방이 아주 지저분하네. 즉시 가서 깨끗이 청소해라. (지시 후 10초간 침묵한다.)

지금 부모가 지시하는 일을 아동이 해낼 능력이 있음을 믿어 주는 것도 중요하다. 아동에게 그와 같은 능력이 없다면, 부모는 그런 지시를 하면 안 된다. 자녀에게 설명하고 싶다면, 먼저 설명해야 한다. 예를 들어, "민수야, 밖에 비가 오네. 나는 네 옷이 젖고 흙이 묻지 않았으면 좋겠어. 가서 우비를 입도록 해."라고 말한다.

올바르지 못한 지시는 실제로 아동에게 비순응을 유발하는 지시를 말한다. 즉, 올바르지 못한 지시로 인해 아동이 순응하지 않을 가능성이 높아진다는 것이다.

> 올바르지 못한 지시: 민수야, 네 방이 너무 더러운데 제~발 좀 가서 치우지 않을래? 이모가 와서 네 방 꼬락서니를 보는 게 정말 싫거든. 어떻게 그런 데에서 사는지 모르겠다. 엄청 오랫동안 쭉 더러웠는데.

여기에는 소위 '숨겨진 명령'과 '질문형 명령'이 함께 있으며, 부탁조로 요청하고 있다.

올바른 지시와 올바르지 못한 지시에 대한 더 자세한 정보를 보고 싶으면 워크북 7장을 참조하도록 한다.

숙제

✎ 이번 주부터 올바른 지시하기 연습을 시작해서 자녀가 잘 따르는지 살펴보도록 한다. 자녀가 올바른 지시에 잘 따르면 칭찬해 주도록 한다. 순서는 다음과 같다.

지시 → 순응 → 보상 또는 칭찬

CHAPTER 10

8회기:
규칙과 기대행동 정하기

필요한 재료

* 괘도와 마커펜

회기 개요

*주제 선정하기

*이전 회기 복습 및 숙제 확인하기

*규칙 및 기대행동 정하기의 개념 소개하기

*숙제 내주기

주제 선정하기

참석한 모든 부모를 환영하면서 지난 회기 이후에 나타난 반응이나 질문이 있는지 확인한다. 괘도에 오늘 회기의 주제를 적는다. 회기를 진행하면서 제시된 주제를 반복적으로 언급한다.

이전 회기 복습 및 숙제 확인하기

올바른 지시를 사용하는 것에 대해 부모에게 말한다. 아동에게 지시를 전달하는 방식에 변화를 시도해 봤는지, 그렇게 해 보니 달라진 것이 있는지 알아본다. 기존에 해 왔던 방식의 지시에 대해 알아차린 것이 있는지, 이 숙제를 하면서 어려운 점은 없었는지 묻고, 만약 있었다면 다음에 어떻게 시도해 볼 수 있을지 조언해 준다. 해결방법을 제시하는 데 있어 다른 부모가 도움이 될 수도 있다.

부모에게 이번 시간에 내게 될 숙제 말고도 이전에 냈던 숙제(예를 들어, 무시하기, 행동 추적하기, 특별 가족 시간) 전부를 꾸준히 하도록 강화한다. 최소한 숙제를 하려고 시도해 보기라도 했다면 부모를 칭찬하고, 아동과의 특별 시간을 계속하고 있는지 꼭 물어본다. 이는 강력한 부모자녀 관계를 형성하고 유지하는 데 있어 매우 중요한 부분이며, 집단 진행자는 규칙적으로 특별 시간을 가지도록 꼭 강화해야 한다.

규칙과 기대행동 정하기

뒤이어서 규칙과 기대행동 간의 구분을 토론한다. **행동규칙**$_{\text{behavior rule}}$이란 줄어들기 바라는 아동의 행동(예를 들어, 때리기, 욕하기)을 말하며, **기대행동**$_{\text{expectation}}$이란 늘어나기 바라는 아동의 행동(예를 들어, 집안일 마치기, 친사회적 행동)을 말한다.

행동규칙

행동규칙이란, 아동에게 어떤 생각이나 충동이 들 때마다 부모가 하지 말라고 지시하거나, 명령하지 않아도 아동이 알아서 줄이거나 자제해 주길 바라는 행동을 정한 규칙을 말한다. 매번 지시를 하지 않아도 스스로 할지 말지 판단할 수 있어야 하는 행동이다. 행동규칙은 아동에게 **규칙지배행동**[1]이 자리 잡도록 도와준다. 행동규칙의 예로는 때리지 않기, 싸우지 않기, 집에서 욕하지 않기, 물건 부수지 않기 등이 있다. 부모가 보다 제대로 된 목록을 원하면 워크북 8장을 참고하도록 한다.

행동규칙을 이미 어겼을 때에는 '멈추지 않으면 혼난다'는 경고를 하지 말라고 한다. 대신, 그 행동에 대한 **즉각적인 결과**를 주어야 한다. 즉각적인 결과야말로 계속되는 행동을 멈추는 실질적인 효과를 보이며, 아동이 잘못된 행동을 하려는 충동을 자제하도록 가르치고, 자제하려는 동기를 유발하는 효과가 있다. 게다가, 결과가 즉각적일수록 아동이 그만둘 동기가 생기도록 도와준다. 아동의 잘못된 행동이 언제 나타날지 부모가 예상할 수도 없고, 그때마다 결과를 주기도 어렵기 때문에 이렇게 하는 것이 좋다. 점차 아동은 지시에 순응하지 않으면 부정적인 결과를 경험하면서 자신의 행동에 책임지는 것을 배우게 된다.

이번 주 부모의 숙제는 아동에 대한 행동규칙을 정하는 것이다. 규칙이 무엇인지 언급하고, 규칙을 어긴다는 것이 무엇을 의미인지 배움으로써 아동이 규칙에 대해 알아가도록 부모가 도와야 한다. 예를 들어, "재석아, 네가 동생을 때린다면 행동규칙을 어기는 거야."라고 한다.[2]

기대행동과 기타 적절한 행동

행동규칙(아동이 하지 말아야 할 행동에 관한 규칙)이 무엇인지 부모로부터

---

1) 규칙지배행동(rule-governed behavior): 행동주의에서는 고전적 조건화나 조작적 조건화 같은 반복적인 학습경험 없이 말로 명령을 했는데 바로 명령에 따르는 행동을 하면, 이 행동을 규칙지배행동이라고 한다. 즉, 선행사건에 해당하는 명령이 규칙으로 작용하여 행동을 지배했다고 보는 것이다.

2) 원래 규칙을 어긴 경우에는 즉각적인 결과를 주어야 하나, 결과를 부과하는 것은 다음 회기에 배울 주제라서 이번 회기에서는 규칙을 정하고 규칙을 어겼음을 언급하는 것까지만 배운다.

배울 필요가 있듯이, 어떤 바람직한 행동을 해야 할지에 대해서도 부모로부터 분명히 배울 필요가 있다. 게다가 부모의 기대행동이 아동의 연령과 능력에 적절한지에 대해서도 솔직하게 자문해 볼 필요가 있다.

연령에 적절한 집안일과 기대행동이 무엇일지 토의해 보도록 한다. 예를 들어, 잠자리 정리하기, 사용 후 욕실 청소하기, 식탁 차리기, 식사 후 정리 돕기, TV 보기 전에 숙제하기, 어른에게 예의 바르고 정중하게 대하기, 매주 방 청소하기, 쓰레기 갖다 버리기 등이 있다. 부모들에게 몇 가지 다른 예를 들어 보도록 한다. 혹시 성별에 따른 차이가 있을지 평가해 본다(예: 남자아이들에게는 집안일을 시키면 안 된다). 필요하면 질문을 받고 걱정도 들어 본다. 행동규칙에서 설명한 것과 같이, 기대행동에 대해서도 똑같은 방식으로 아동과 토의하라고 부모에게 말해 준다.

부모는 향후 2주간 아동이 규칙과 기대행동을 잘 지키는지 살펴보도록 한다. 부모는 앞으로 2주간 가정 내 새로운 규칙과 기대행동에 익숙해지도록 하는 것이라고 아동에게 말해 준다. 이 기간 동안 아동이 위험한 행동을 하는 것이 아니라면 처벌을 사용하지 않아야 한다. 위험한 행동을 한다면, 일단은 예전에 했던 대로 훈육해 본다.

숙제

- 이번 주에 가정에서 시작해 보고 싶은 특별한 행동규칙 3개를 정해 보도록 하고, 모든 가족이 볼 수 있는 곳에 이 규칙을 붙여 놓도록 한다. 규칙을 정하는 데 있어서 아동을 포함하라고 부모에게 권유한다.
- 워크북에서 **행동규칙 추적기록지**를 사용해서 아동의 순응도를 기록하도록 한다.

✎ 또한 기대행동을 정하고 워크북의 기대행동 추적기록지[3]를 사용해서 순응도를 기록하도록 한다.

✎ 다음 회기에 올 때 기록한 추적기록지를 완성해서 가져오도록 한다.

3) 행동규칙 추적기록지나 기대행동 추적기록지 모두 가로 방향으로는 요일이 적혀 있고, 세로 방향으로는 행동규칙이나 기대행동을 적는 칸이 있다. 기본적으로는 제7장의 행동추적기록지와 비슷한 형태이다. 다만 그날그날 지시에 따랐는지, 보상을 했는지, 따르지 않았는지, 규칙위반이라고 언급했는지 여부에 따라 동그라미로 표시하게 한다.

CHAPTER 11

9회기:

훈육과 처벌 1부

필요한 재료

* 괘도와 마커펜

회기 개요

*주제 선정하기

*이전 회기 복습 및 숙제 확인하기

*효과적인 훈육과 처벌(신체적인 처벌을 제외한) 기법에 대해 토의하기

*타임아웃 기법 소개하기

*숙제 내주기

주제 선정하기

참석한 모든 부모를 환영하면서 지난 회기 이후에 나타난 반응이나 질문이 있는지 확인한다. 괘도에 오늘 회기의 주제를 적는다. 회기를 진행하면서 제시된 주제를 반복적으로 언급한다.

이전 회기 복습 및 숙제 확인하기

부모들이 작성해 온 행동규칙 및 기대행동 추적기록지를 살펴본다. 추적기록지를 가져오지 않은 경우에는 실제로 숙제는 했는지, 했다면 집에서 해보니 어떤 느낌이었는지 말해 보도록 한다.

물어볼 만한 질문으로는 다음과 같은 질문이 있다.

- 규칙과 기대행동을 어디에 붙여 놓았나요?
- 아동이 규칙을 어겼을 때 부모가 알아챘나요?
- 아동이 기대행동을 했을 때, 부모가 알아챘나요?
- 이러한 행동을 부모가 알아챘다고 아동에게 언급했나요? 그렇다면, 그때 아동의 반응은 어땠나요?
- 행동규칙을 어긴 대가로 어떤 결과를 적용했나요?

부모에게 이번 시간에 내게 될 숙제 말고도 이전에 냈던 숙제(예를 들어, 무시하기, 행동 추적하기, 특별 가족 시간) 전부를 꾸준히 하도록 강화한다. 최소한 숙제를 하려고 시도해 보기라도 했다면 부모를 칭찬하고, 아동과의 특별 시간을 계속 하고 있는지 꼭 물어본다. 전에도 말했지만, 이는 강력한 부모-자녀 관계를 형성하고 유지하는 데 있어 매우 중요한 부분이며, 진행자는 규칙적으로 특별시간을 가지도록 꼭 강화해야 한다.

훈육과 처벌

아동의 행동을 다룰 추가 방법에 대해서 부모와 토의한다. 행동규칙과 기대행동 정하기, 잘 지시하기, 바람직한 행동 강화하기에 대해서는 이미 설명한 바 있다. 오늘은 처벌(또는 벌)에 대해 말하고자 한다. 처벌이란 향후 하게 될 행동의 가능성을 줄여 주는 작용을 하는 것을 말한다.

부모에게 벌 주는 방법의 예를 들어 보도록 하고, 괘도에 이를 적어 보도록 한다. 다 적은 후에 각 항목 옆에 기술적 용어를 적도록 한다. 예를 들어, 어떤 부모가 아동의 라디오를 빼앗는다고 말하면, 그 옆에 '특권박탈'이라고 적는다. 이 작업은 브레인스토밍이 끝날 때 함으로써 중간에 부모가 지적 당하거나 질책 당하는 느낌이 들지 않도록 한다. 부모가 엉덩이 때리기, 두들겨 패기, 때리기 등에 대해 말하면 그대로 적는다. 분명한 학대 수준(예를 들어, 때린 자국이 남음)이 아니라면 신체적인 처벌에 대해 판단하지 않도록 하되, 학대 수준이라면 용납해서는 안 된다. 다시 말하지만, 부모들에게 잘못된 행동 양상을 멈추는 데 있어 신체적인 처벌이 아닐 때 더욱 효과적이라고 말해 준다.

처벌

워크북 9장의 처벌 개념 부분을 소개한다. 향후 2주간의 주제는 행동규칙과 기대행동을 적용하는 것이라고 부모들에게 설명한다. 아동이 새로운 규칙과 기대행동이라는 개념에 익숙해질 때까지는 어떠한 처벌 전략도 적용해서는 안 된다.

이미 많은 부모가 아동의 행동이 나아지는 것을 경험했을 수도 있지만, 대부분의 아이는 긍정적인 전략만으로는 충분히 좋아지지 않는다. 따라서 다른 전략이 필요하다. 긍정적인 전략에 반응하지 않는 행동이나 무시만으로는 다룰 수 없는 행동에 처벌 절차를 진행할 필요가 있다.

처벌이란 특정 행동 뒤에 부정적이거나 불쾌한 사건이 일어나는 것을 말한다. 효과적인 경우 부정적인 사건에 적용하면, 향후 그 행동의 빈도를 줄여준다. 이와는 달리 정적 강화positive reinforcement란 행동 뒤에 긍정적인(즐거운) 사건이 뒤따르는 것을 말하며, 향후 그 행동의 빈도가 늘어나게 된다.

일상에서 효과적인 처벌의 예를 몇 개 들어 본다.

* 재훈이가 동생과 싸워서 주말 동안 TV, 전화, 게임이 금지됐다. 이후 재훈이가 동생과 싸우지 않게 된다거나 싸우는 빈도가 줄어들었다.
* 기영이가 축구 훈련에 늦어서 코치는 기영이를 전반전에 뛰지 못하게 했다. 이후 기영이는 축구 훈련에 다시는 지각하지 않았다.

효과적이지 못한 처벌의 예도 몇 개 들어 본다.

* 승훈이가 동생을 때려서 엄마가 승훈이에게 소리 지르면서 다시는 그러지 말라고 말했다. 하지만 승훈이는 다음 날도 동생을 때리고, 다음 주 내내 동생을 때렸다. 엄마는 그때마다 승훈이한테 소리를 질렀다. 승훈이는 엄마가 소리를 지를 때에만 잠시 동생을 때리는 것을 멈추었지만, 여전히 맨날 동생을 때린다.

아까 정의했듯이 마지막 예는 처벌의 예가 아닌데, 왜냐하면 사실상 행동이 늘고 있다는 점을 부모에게 설명한다. 벌이라면 예상되는 결과는 향후 행동의 빈도가 줄었어야 한다.

소리를 지르면 아동의 행동이 잠시 멈추므로 소리를 지르는 행동이 처벌이라고 부모는 생각하게 된다는 점을 강조한다. 이런 행동으로는 소리 지르기, 말로 혼내기 등이 있다. 아동이 그 행동을 매일 계속하게 되면 부모가 하는 행동은 더 이상 처벌이 되지 못한다. 장기적으로 아동이 그 행동을 멈추게 하는 효과가 사라진다.

'처벌의 예'와 '사실상 처벌이 되지 못하는 예'를 생각해 보고, 괘도에 이런 것들을 적어 보도록 한다. 사실상 처벌이 되지 못하는 예를 꼭 들어 보도록 한다. 즉, 그 처벌이라는 것이 향후 아동이 잘못된 행동을 할 가능성을 실제로는 낮추지 못했다는 것을 의미한다.

신체적인 처벌은 평가절하하기

아동을 훈육하기 위한 방법으로 엉덩이 때리기나 다른 신체적인 전략을 규칙적으로 사용하는 부모들이 있다. 다음의 예시를 부모들이 너무 비판적으로 받아들일 것 같거나 자신을 너무 판단한다고 느낄 것 같으면, 이 부분은 건너뛴다. 하지만 대충 다룰지라도 가능하면 포함하려고 애써야 한다.

이미 눈치 채셨겠지만, 이 프로그램은 신체적인 처벌을 사용하는 것을 좋다고 보지 않습니다. 이 프로그램은 바람직한 행동을 격려하기 위한 긍정적인 강화 전략과 다음 회기에 나오겠지만 신체적이지 않으면서도 아주 효과적인 처벌 기법을 사용하시길 권장합니다. 따뜻한 가족환경과 바람직한 행동을 강화하는 계획이 자리를 잡게 되면, 신체적이지 않은 형식의 처벌로도 아동의 잘못된 행동을 줄이는 데 매우 효과적일 수 있습니다. 예를 들어, 우리가 다음에 이야기하게 될 처벌 절차는 신체적이지는 않지만 꽤 불쾌해서 아동들이 부정적인 행동을 멈추고 싶어집니다. 여러분이 현재 훈육방법으로 신체적인 절차를 사용하고 계신다면, 줄이고자 했던 행동이 정말 사라졌는지 스스로에게 물어보세요. 대부분의 가정에서 이 질문에 대한 답은 '아니요.'입니다. 게다가 어떤 가정에선 효과가 없을 뿐 아니라 아동의 바람직하지 않은 행동이 오히려 늘어나기도

하며, 신체적인 처벌을 사용하는 것이 학대 수준에 이를 수도 있습니다.

신체적인 처벌을 사용하지 말아야 할 가장 중요한 이유 중 하나는 효과가 없다는 것이지만, 다른 이유도 많다. 이러한 이유로는 다음과 같은 것이 있다.

* 신체적인 처벌은 대개 아동의 실제 행동 수준에 영향을 받기보다 부모의 분노 수준에 영향을 받게 된다. 이는 아동에게 바람직한 학습 경험을 제공해 줄 수 없다.
* 신체적인 처벌은 대개 아동으로 하여금 신체적인 처벌을 시행하는 사람을 피하게 만든다. 부모가 신체적인 처벌을 과도하게 사용하면, 아동은 부모를 피하는 법을 배우게 된다.
* 신체적인 처벌은 친사회적인 행동을 가르치지 않는다. 그보다 때리기와 공격성을 보고 배우게 된다. 따라서 아동은 남을 때려도 된다고 생각할 수 있다.
* 신체적인 처벌은 아동의 자존감에도 부정적인 영향을 끼친다.
* 신체적인 처벌을 사용하면 항상 조절에 실패해서 학대의 선을 넘을 위험성이 있다. 어떤 부모도 자신의 아동을 학대하고 싶거나 계획하는 부모는 없겠지만, 신체적인 처벌을 사용하게 되면 어느 순간 통제를 잃게 되는 경우가 생기며, 부모가 아주 화났을 때 특히 그렇게 되기 쉽다. 아주 효과적이지만 신체적이지 않은 처벌 절차를 사용하는 법을 배움으로써 이 모든 좋지 않은 가능성으로부터 벗어나는 것이 좋다.

부모 중 많은 경우가 타임아웃에 대해 들어 본 적이 있을 것이며, 일부는 자신의 아동에게 이미 사용해 본 적도 있을 것이다. 타임아웃이란 긍정적인 강화를 잠시 중단하는 것을 의미한다. 절차로는 특정한 잘못된 행동이 발생할 때마다 아동으로부터 긍정적인 것들(예를 들어, TV, 보고 싶어 하는 것, 책,

다른 사람)을 재빨리 없애 버리는 것을 말한다. 아동으로부터 긍정적인 것들을 제거할 때에는 말없이 해야 한다. 왜냐하면 말하기는 아동에게 긍정적인 것으로 여겨져서 실제로 아동이 향후에 같은 행동을 반복할 가능성을 높여 주는 작용을 하기 때문이다. 간단히 말하자면, 타임아웃 하는 단계는 다음과 같다.

지시 → 10초를 기다림 → 지시에 따르지 않음 → 경고 → 10초를 기다림 → 지시에 따르지 않음 → 타임아웃

이 단계에 대해 설명하면서 괘도에 적는다.

1. '~해서since' 문장을 사용한다(예를 들어, "기영아, 네가 ~를 하지 않아서 이제 타임아웃을 해야겠다.").
2. 타임아웃을 하는 아동을 지켜보며, 아동과 함께 타임아웃을 한다(부모도 침묵의 시간을 가진다.).
3. 아동을 10~20분가량 타임아웃 하는 장소에 머무르게 한다(나이를 고려해서).
4. 아동이 타임아웃 하는 장소에 있는 동안 철저히 무시한다. 이는 아동이 뭐라 말해서 부모를 귀찮게 하든, 부모가 폭발하게 만드는 단추를 누르든 아동에게 전혀 말하지 않는 것을 말한다.
5. 정해진 시간이 지나면, 타임아웃 장소에서 나와서 원래 상황으로 돌아가도록 한다. 처음에 했던 지시를 다시 한다.
6. 아동이 결국 지시에 따를 때까지 이 순서를 반복한다.

전체 타임아웃 절차가 효과적이려면 5, 6단계가 핵심이라는 점을 강조하는 것이 중요하다. 많은 가정에서 타임아웃이 주된 이유는 대개 이 단계를 뛰어넘기 때문이다. 때로는 아동이 타임아웃 하는 동안, 원래 아동이 했어야 할 일을 부모가 해 버리곤 한다. 이렇게 되면 '타임아웃은 책임으로부터 벗어나는 방법'이라는 메시지를 아동에게 전달하게 된다. 당연히 이는 처벌도 아니다. 아동이 마침내 그것을 마칠 때까지 필요한 만큼 여러 번 타임아웃으로 되돌아가는 것이 중요하다. 결국 아동은 타임아웃에 지치고 지시에 따르게 될 것이다.

4, 5, 6학년에게 타임아웃을 행할 최적의 장소로는 화장실, 세탁실이나 딱히 놀 거리가 없는 방이다. 타임아웃을 할 장소로 절대 아동의 방이나 재미있는 놀 거리(예를 들어, TV 보기, 게임하기)가 있는 방이어선 안 된다. 필요하다면, 아동을 현재 장소에서 타임아웃을 할 곳으로 데려가지 않고, 아동이 있는 장소에서 흥미롭거나 재미있는 모든 물건을 치울 수도 있다. 이 절차에는 다음과 같은 '~해서' 문장을 사용할 수 있다. "내가 ________을/를 하라고 했는데도 네가 하지 않아서 이제 네 특권을 가져가야겠다." 그러고는 현재 아동이 있는 방에서 모든 특권(예를 들어, 컴퓨터, 게임기, TV, 스마트폰, MP3 플레이어)을 가지고 나온다. 하지만 이 모든 강화물을 재빨리 가지고 나올 수 없는 가정이나 자녀가 잘못된 행동을 했다고 해서 다른 형제나 가족까지 이런 특권을 박탈하고 싶지 않은 가정의 경우에는 이러한 방법이 어려울 수도 있다.

타임아웃을 하는 도중에 아동이 징징대거나 울기 시작하면 무시 기법을 사용하도록 한다. 만약 걱정이 된다면 아동이 괜찮은지 살펴보는 것은 타당하지만, 이러한 행동은 흔히 아동이 주목 받으려 하거나 타임아웃에서 벗어나려는 방법임을 알려 주도록 한다. 아동을 무시하는 데 성공한다면, 이는 이 행동을 강화하지 않는 데 성공했다는 뜻이다.

행동규칙 위반에 대한 타임아웃

타임아웃은 행동규칙을 위반했을 때에도 사용할 수 있다는 점을 부모에게 알려 준다. 하지만 행동규칙 위반에는 절대 경고하지 말아야 함을 강조한다. 대신에 규칙을 어겼음을 언급하고 즉시 정해진 타임아웃 장소로 가도록 해야 한다(예를 들어, “기성아, 네가 방금 동생을 때렸지? 그건 우리 규칙에 어긋나. 그래서 지금 바로 타임아웃 하러 가야 해.”). 부모는 경고나 기회를 절대 주지 말아야 한다. 아동은 이런 방법으로 다른 사람을 때리면 안 된다는 것을 배우게 된다.

타임아웃 장소로 가는 도중에 폭력적이면 어떻게 해야 할까

만약 아동이 물건을 부수거나 다른 사람을 아프게 하는 행동(예를 들어, 타임아웃 하러 가는 도중에 화가 나서 식탁을 엎거나 동생을 때림)을 한다면, 일단 그것을 무시하고 애초 잘못된 행동에 대한 타임아웃을 시행하라고 말해 준다. 일단 타임아웃이 끝난 후에 물건을 부순 장소로 데리고 와서 고치거나 사과하도록 해야 한다. 애초 잘못된 행동에 대한 처벌에서 벗어나거나, 화가 나서 부순 행동으로 인한 벌을 봐주지 않는 것이 중요하다.

요약

설명한 내용에 대한 부모의 반응을 들어 본다. 특히, 과거에 타임아웃을 적용해 본 적이 있는데 효과가 없었다는 부모의 걱정을 반드시 다룬다. 이번 시간에 다룬 전략을 다시 사용해 볼 의향이 있는지도 물어본다. 타임아웃 절차를 적용하는 데 있어 예상되는 장애물이 있다면 문제를 해결할 수 있도록 도와준다.

숙제

✎ 워크북에 있는 타임아웃 기록지를 완성해서 다음 회기에 가져오도록 한다.[1)]

1) 타임아웃 기록지에는 타임아웃을 하게 된 문제행동을 하기 전의 상황, 경고 횟수, 타임아웃 한 위치 및 시간, 타임아웃 하는 동안의 규칙, 하지 않았을 경우의 결과 등에 대해 기록한다.

CHAPTER 12

10회기:
훈육과 처벌 2부

필요한 재료

* 괘도와 마커펜

회기 개요

*주제 선정하기

*이전 회기 복습 및 숙제 확인하기

*특권 제한, 집안일, 전체 보상 중단의 개념 소개하기

*심각한 문제행동을 다루는 방법에 대해 토의하기

*1년 차 종결 축하행사 준비하기(선택 가능).

*숙제 내주기

주제 선정하기

참석한 모든 부모를 환영하면서 지난 회기 이후에 나타난 반응이나 질문이 있는지 확인한다. 괘도에 오늘 회기의 주제를 적는다. 회기를 진행하면서 제시된 주제를 반복적으로 언급한다.

이전 회기 복습 및 숙제 확인하기

그룹 전체가 작성해 온 타임아웃 기록지의 내용을 공유하도록 한다. 다음과 같은 질문을 한다.

* 타임아웃을 하게 된 행동에는 어떤 것이 있나요?
* 아동이 타임아웃을 하는 동안 어떤 규칙을 적용하나요?
* 타임아웃은 얼마나 오랫동안 하나요?
* 타임아웃은 어디서 하나요?
* 타임아웃을 한 다음에는 어떻게 되나요? 타임아웃을 한 다음에 기대되는 행동을 하지 않으면 어떻게 되나요?

지난 회기 이후에 자신의 자녀에게 실제로 타임아웃을 적용해 보았는지 물어본다. 타임아웃이 어떻게 진행되었는지, 또 이전에 써 본 처벌 방식과 비교해서 어땠는지 설명해 보도록 한다.

특권 제한

오늘은 또 다른 효과적인 처벌 접근방식인 특권 제한privilege removal에 대해 부모들에게 소개한다. 이는 아동이 규칙을 어기거나 지시에 따르지 않으면, 재빨리 특권을 치우는 것이다. 예를 들어, 아동이 숙제를 마치지 않으면 TV 보기라는 특권을 누릴 수 없다. 만약 아동이 자기가 먹은 그릇을 치우지 않으면, 어떠한 후식이나 간식도 먹을 수 없다. 만약 다른 아이를 때리면, 그 날은

밖에 나가서 다른 아이들과 놀 수 없다. 이러한 처벌은 잘못된 행동이 벌어진 직후에 가능한 한 빨리 적용되는 것이 중요하며, 시간을 정해야 한다. 시간 제한은 벌을 부과하는 순간에 아동에게 분명히 말해 주어야 한다(예를 들어, "숙제가 끝날 때까지 TV는 안 돼. 오늘 밤에 간식은 없어.").

부모들에게 다른 예를 들어 보도록 하고, 괘도에 이를 적어 보도록 한다. 이러한 처벌 중 어떤 것은 너무 사소해서 효과가 없어 보이지만, 큰 처벌을 가끔 사용하는 것보다는 작은 처벌을 자주 사용하는 것이 효과적이라는 원칙을 꼭 설명해 준다. 일단 결정한 뒤에는 협상하지 말고 분명하게 직접 이 전략을 시행하는 것이 중요함을 강조한다.

역할극 훈련

규칙을 어겼을 경우, 부모가 특권을 제한하는 역할극을 해 본다. 특권을 제한 당해서 저항하는 아동의 역할을 하면서 어떻게 하면 아동의 저항과 말꼬리 잡기에 휘말리지 않을 수 있는지 보여 준다.

특권 제한에 대한 추가 정보를 제공하는 워크북 10장을 참조하도록 한다.

집안일

특권을 제한하는 대신에 집안일을 시키는 것도 효과적인 처벌 접근방식으로 사용될 수 있다. 이는 부정적인 행동의 결과로서 하기 싫은 집안일을 해야 한다는 의미이다. 집안일의 예는 이루 말할 수 없이 많지만, 잔디 깎기, 목욕탕 청소 등을 들 수 있다. 집안일은 이 아동이 책임지고 해야 할 일은 아니라는 점을 부모에게 알려 준다. 아동이 가정에서 해야 할 일 중 하나가 욕실 청소라면, 욕실청소를 부정적인 행동에 대한 처벌로 사용하면 안 된다. 처벌 목적으로 집안일을 사용하려면 평소에 해야 하는 일이 아닌 추가적인 일이어야 한다.

게다가 집안일은 아동이 부모의 지시를 따르지 않거나 사소한 규칙을 어긴 직후에 시키는 것이 가장 좋다. 즉시 할 수 있는 집안일을 그저 10~15분 정도 내주기만 하면 된다. 만약 아동이 그 집안일을 하기 싫다고 한다면, 다른 집안일을 내주면 된다. 두 번째 집안일도 거부하면 아동이 두 가지 집안일과 원래 시킨 일을 할 때까지 아동의 모든 특권을 제한해야 한다. 이를 전체 보상 중단total reward shutdown이라고 한다.

전체 보상 중단

아동의 특권 모두를 제한한다는 말은 스마트폰으로 음악을 들을 수도 없고, 게임을 할 수도 없고, TV를 보지도 못하고, 밖에 나가서 놀지도 못하고, 여행을 가지도 못한다는 것이다. 즉, 전에 해 왔던 어떤 특권도 누릴 수 없다는 뜻이다. 하지 않으려 했던 집안일과 부모가 애초에 하라고 시켰던 일만 하면 이 모든 특권을 쉽게 돌려받을 수 있다. 이처럼, 전체 보상 중단은 보통 외출 금지를 시킬 때와는 사뭇 다르다. 부모의 통제에 따르고, 하라고 시킨 일을 함으로써 아동은 전체 보상 중단으로부터 벗어날 수 있다. 외출 금지와는 달리, 전체 보상 중단은 아동이 자신의 특권을 회복하는 시점을 선택할 수 있게 해 준다.

어떤 부모는 아동에게 너무 많은 기회를 주는 것에 반대한다. 이런 경우, 한 번만 집안일을 거부해도 전체 보상 중단을 적용한다는 것이다.

집안일과 전체 보상 중단이 포함된 지시의 예를 부모에게 제공한다. 이 지시에 대해 역할극을 할 수도 있다.

부모: 영식아 가서 설거지해라.

아동: (영식이가 지시를 무시한다.)

부모: 영식아, 가서 설거지하지 않으면 화장실 변기랑 세면대도 청소해야 할 거야.

아동: 이따가 할게요.

부모: 영식아, 내가 시킨 걸 하지 않아서 넌 이제 화장실도 청소해야 해. 지금 바로 가서 하지 않으면 집 청소도 해야 할 거야.

아동: 그래도 난 안 할 거예요.

부모: 영식아, 내가 시킨 걸 하나도 안 했기 때문에 넌 이제 모든 특권을 잃었어. (부모는 TV를 끄고, MP3 플레이어, 스마트폰, 게임기 등 모든 특권을 제한한다.) 내가 하라고 한 세 가지를 다 하면 네 모든 특권을 돌려받을 수 있어.

예외 없이 전체 보상 중단을 끝까지 마무리하는 것이 아주 중요하다. 아동이 특권을 돌려받으려면 애초에 해야 하는 일과 집안일을 다해야 한다.

심각한 문제행동에 대한 훈육

이러한 처벌 기법을 사용하는 것에 대해 자유롭게 토의해 보고, 부모들이 제기하는 문제를 다룬다. 예를 들어, 어떤 부모는 자신이 보기에 이처럼 '가벼운' 처벌 절차반대할 수도 있다. 정말 위험하거나 무례한 행동(예를 들어, 부모에게 욕하기, 훔치기, 다른 사람을 협박하기)에는 이러한 처벌로는 충분히 강력하지 않다고 생각할 수도 있다. 잘못된 행동이 심각할수록 처벌도 강력해야 한다는 부모의 주장에는 동의한다. 하지만 신체적인 처벌을 사용해야 한다는 의미는 아니다. 집안일을 더 오래 시키거나 보다 어려운 것(예를 들어, 차고 전체를 청소하기, 마당 전체를 갈퀴질해서 나뭇잎 담기, 방 전체 벽을 모두 닦기)을 시킬 수도 있으며, 정해진 기간 동안(너무 길지는 않게) 외출 금지를 할 수도 있을 것이다. 외출 금지를 너무 오랜 기간 동안 하거나 기간을 정하지 않는 것은 권장하지 않는데, 왜냐하면 절망의 늪에 빠져 행동을 변화하려는 동기가 사라질 수도 있기 때문이다.

축하행사 준비하기(선택 가능)

다음 회기는 방학 이전의 마지막 회기이다. 원하면 대처능력 프로그램 1년차 종결을 축하하는 파티를 할지 부모들과 상의해 볼 수 있다. 파티를 위한 음식 마련을 제안하기에 앞서 집단원의 경제 상태를 고려하는 것이 중요하다. 일부 부모는 파티에 필요한 음식 마련이 부담될 수도 있다. 이런 경우, 피자를 주문하거나 간단한 다과를 집단 진행자가 제공할 수도 있다. 파티를 제안할 때에는 잘 판단하기 바란다.

숙제

- 워크북에 있는 특권 제한 기록지를 완성해서 가족 모두가 볼 수 있는 곳에 붙여 놓도록 한다.[1)]
- 워크북에 있는 집안일 기록지도 완성해서 가족 모두가 볼 수 있도록 붙

1) 특권 제한 기록지에는 특권 제한에 이르게 한 행동, 그래서 박탈된 특권들을 그때그때 기록하도록 한다.

이라고 한다.[2)]

✎ 특권 제한과 집안일 시키기, 숙제를 모두 하는 것이 너무 부담된다고 하면 그중 하나만 해 오도록 한다.

2) 집안일 기록지에는 집안일을 하게 만든 행동, 그 결과로 주어진 집안일을 그때그때 기록하도록 한다.

CHAPTER 13

11회기:
방학 준비하기

필요한 재료

*괘도와 마커펜

*1년 차 종결 축하행사를 위한 다과

회기 개요

*주제 선정하기

*이전 회기 복습 및 숙제 확인하기

*다가오는 방학을 준비하도록 도와주기

*1년 차 대처능력 프로그램을 성공적으로 마친 것에 대해 축하하기

*숙제 내주기

주제 선정하기

참석한 모든 부모를 환영하면서 지난 회기 이후에 나타난 반응이나 질문이 있는지 확인한다. 괘도에 오늘 회기의 주제를 적는다. 회기를 진행하면서 제시된 주제를 반복적으로 언급한다.

이전 회기 복습 및 숙제 확인하기

처벌 절차를 사용해 본 소감과 함께 성공 경험과 실패 경험에 대해 이야기 나누고, 이러한 변화에 가족 전체가 어떻게 반응했는지 물어본다. 아동과 말다툼이나 논쟁을 할 때, 빠지지 않고 각 기법을 단계별로 따르도록 강조하는 것이 중요하다. 사소한 문제행동에는 무시 기법을 사용하도록 한다. 가정 내에서 이런 절차를 섬세하게 적용하도록 한다.

각 부모가 해 온 숙제를 살펴보고 토의해 본다. 숙제를 하면서 부닥친 장애물에 대해 다 같이 문제해결할 수 있도록 토론한다.

꾸준히 다양한 숙제(예를 들어, 칭찬 기법과 무시 기법을 사용하기, 아동의 행동 추적하기, 잘 지시하기)를 하느라 애써 온 부모들의 노력을 칭찬하면서 이번 시간의 숙제도 열심히 하도록 격려한다. 최소한 숙제를 하려고 시도라도 했으면 칭찬한다.

방학 동안의 일일 계획과 활동 계획 세우기

아동이 방학 중에 지루해 하진 않을지, 문제를 일으키지 않도록 보다 바쁘게 만들 필요는 없을지 부모와 의논한다. 다음의 예시를 사용해도 좋다.

> 대개의 아동은 방학 동안 일정이 정해지지 않고, 늦게 자도 되고, 말 그대로 '무슨 일이 생길지' 모르는 상황을 좋아합니다. 하지만 방학이 좀 지나면 오히려 심심해하면서 뭔가 할 것을 필요로 하곤 합니다. 보다 생산적인 활동으로 바쁠수록 문제도 일으키지 않고, 형제와 다투지도 않을 가능성이 높습니다. 게다가 대부분의 학교와 교사들은 방

학이라고 공부를 완전히 놓지는 말고 약간이라도 학습과 관련된 활동을 계속할 것을 권합니다. 학습이나 직업 기술을 배우는 활동(예를 들어, 읽기, 쓰기, 연극, 음악)을 계속한 아동은 다음 학기가 시작되었을 때 더 잘해 낸다고 합니다.

워크북 11장 방학 계획 세우기 부분을 참조해서 방학 동안에 아동이 할 만한 활동과 부모가 아동과 함께할 만한 활동에 대해 아이디어를 나눠 본다. 앞의 예시를 사용해서 워크북에 나와 있는 다음 문제들에 대해 토의한다.

일일 계획

첫 2주 정도는 아무런 일정 없이 TV만 보며 지내던 아동들도 점차 일종의 일일 계획을 필요로 합니다. 일일 계획을 어느 정도로 빡빡하게 짤 것인지는 부모마다 다를 것입니다. 어떤 경우엔 하루를 시간대별로 나눠서 그 시간에 아동이 해야 할 일을 적어 놓은 일일 일정표가 유용할 수 있습니다. 활동과 집안일은 시간대별로 적을 수 있습니다. 또는 외출하기 전에 그날 할 일을 칠판에 적는 방법도 있는데, 이 경우 놀러 가거나 어떤 활동을 하려면 그 전에 어떤 일을 해 놔야 하는지 적어 놓는 것입니다. 어떤 방법을 사용하든, 거의 대부분의 아동에게 있어서 하루 일정에 대해 매일 아동과 의사소통하는 것이 좋습니다.

부모와 아동이 함께하는 활동

방학 동안에 하루 종일 아동과 함께 있거나 최소한 하루 중 얼마라도 같이 시간을 보내는 부모라면, 뭐든 함께하는 것이 여름을 즐기고 긴 하루를 보내는 방법 중의 하나입니다.

지역사회에서 하는 활동이나 행사

알다시피 방학 동안에 무료로 또는 저렴하게 아이들과 함께할 수 있는 지역사회 행사들이 많이 있습니다. 방학 동안의 행사 계획을 알아보려면 지역사회 신문을 찾아보거나 YMCA, YWCA 담당자와 연락해 보도록 합니다.

방학 중 읽기 프로그램

많은 교사는 방학 중에도 매일 읽기를 계속 하라고 권합니다. 이는 아직도 읽기 기술을 다져야 하는 초등학교 및 중학교 저학년 학생들에게 특히 중요합니다. 일부 도서관에서는 방학 동안에 아동에게 동기를 부여해서 더 읽게 하려는 목적으로 보상프로그램이나 진행 상황을 표시하는 도표를 제공하는 곳이 있습니다. 또 많은 도서관에서 방학 동안에 사서가 아동들에게 책을 읽어 주는 프로그램을 진행하기도 합니다.

방학 동안에 할 집안일

우리는 가정 내 규칙과 해야 할 일에 대해 말하면서 이전에 집안일이라는 아이디어에 대해 말한 적이 있습니다. 혹시 방학 내내 매일 해야 할 집안일이 있다면, 이는 학교나 가정에서 매우 중요한 '맡은 일 책임지기'를 연습할 좋은 기회가 됩니다. 방학 때 매일 해야 할 집안일이 있었던 아동은 일반적으로 다음 학기에 학교에서 해야 할 일이나 숙제를 하는 생활로 복귀할 때 잘 적응하는 편입니다.

아동이 어떤 종류의 집안일을 하면 좋을지 부모에게 물어본다. 가능한 한 연령대별로 적절한 집안일의 예시를 제공한다.

감독되지 않는 가정의 아동

> 방학 동안에 아동이 집에서 혼자 지내거나 좀 더 나이 든 형제의 관리 하에 시간을 보내는 경우가 많습니다. 이런 경우, 하루 일정을 미리 계획해 놓는 것이 좋습니다. 왜냐하면 부모가 직접 분 단위로 일정을 구조화할 수 없기 때문입니다.

낮에 일하는 부모에게 아동을 감독할 전략에 대해 물어보고, 이와 같은 구조가 도움이 되겠는지 물어본다.

가족 방학

방학 동안에 아동과 함께 여름휴가를 갈 예정인지 물어본다. 만약 그렇다면, 무엇을 할지에 대해 토의한다.

집단원 모두 각자의 계획을 말해 보도록 한다. 여행 중 생길 가능성이 있는 문제와 어려움 등을 예상해 보고, 가능한 해결방법에 대해서도 이야기해 본다. 예를 들어, 차로 여행한다면 아동이 즐길 만한 책이나 게임 같은 것들을 가져가야 한다. 책을 읽어 주는 오디오북도 좋은 놀잇감이다. 요새는 많은 아동용 책이 자동차나 CD 플레이어, 휴대용 테이프나 CD 플레이어에서 들을 수 있도록 오디오북의 형태로 나와 있어서 쉽게 구할 수 있다. 어떤 아동 작가는 아동마다 자신만의 휴대용 테이프나 CD 플레이어에서 책을 듣게 해 달라고 권한 적이 있다. 이렇게 함으로써 아동이 자신의 발달 연령에 적절한 흥미로운 활동에 빠져 있는 사이에 부모는 자유롭게 어른들의 대화를 하거나 자신에게 맞는 음악을 들을 수 있게 된다. 게다가 차로 이동한다면 반드시 중간에 들르게 될 휴게소를 미리 정하고 가족 모두에게 알려 줘야 한다. 이래야 아동의 남아 도는 에너지도 발산하고 스트레칭도 하면서, "언제 도착해요?"

라고 묻는 횟수가 줄어들게 된다.

방학 동안 양육권이 없는 부모와 지내기

> 부모가 이혼한 가정에서는 아동이 방학 동안 양육권이 없는 부모와 상당한 시간을 같이 보내는 경우가 있습니다. 만약 여러분의 가정이 여기에 해당한다면, 고려해야 할 문제가 몇 가지 있습니다. 예를 들어, 여러분의 가정에서 적용되던 구조가 방학 동안 잠시 가 있게 될 가정에서도 똑같이 유지되는 것이 중요합니다. 같은 규칙, 집안일, 기대되는 행동 등이 양쪽 가정에서 일관되게 적용될 때 아동에게 도움이 될 것입니다. 가능하다면 아동과 관련된 모든 보호자가 이 문제에 대해 솔직하고 성실하게 소통할 필요가 있습니다. 누구든 해당되는 분이 있으신가요?

집단 내 부모 중에 이혼한 경우가 있으면, 이 주제에 대해 토론하면서 이혼한 배우자와 의사소통할 방법과 어떻게 하면 이 아동에게 가장 좋을지에 대해 아이디어를 내본다.

스트레스가 올라가면 어떻게 할지 다루기

방학이 되면 부모의 일과 개인적인 생활은 계속되는데, 학기 중의 구조와 일상이 갑자기 중단되기 때문에 부모의 스트레스가 갑자기 높아질 가능성이 높다고 말한다. 평소 겪던 스트레스에다가 방학이 되면 낮에도 아동을 관찰, 감독하고 지시를 해야 하는데다, 아동의 해야 할 일이 줄어들면서 늘어난 문제행동을 다루느라 추가적인 스트레스가 발생한다.

부모에게 스트레스에 대처하기 위해 방학 동안 자신을 위한 시간을 가지라고 권한다. 다음의 대화를 사용해도 좋다.

방학이란 즐겁고 휴식하는 시간이면 좋겠지만, 부모에게 있어서 방학이란 사실 어렵고 스트레스가 가득한 것일 수 있습니다. 방학 동안의 스트레스를 다루기 위해서는 자신을 돌보는 것이 가장 중요하다고 말씀드릴 수 있겠습니다. 일, 양육, 가사에서 벗어나 잠시 자신을 위한 휴식시간을 가지는 것(비록 하루 30분일지라도)부터 시작하면 좋겠습니다. 혼자이든, 배우자나 친구와 함께이든(아동 없이), 자신만을 위한 방학을 며칠만이라도 가져 보는 것이 도움이 됩니다. 어떤 부모이든 삶 속에서 그들에게 주어진 의무로부터 벗어나 보는 것이 도움이 됩니다(3회기에 했던 인생 파이차트를 떠올려 봅니다). 자신만의 시간을 가져 보면 실제로 전체 스트레스 수준을 낮춰 주며, 다시 일상으로 돌아왔을 때 보다 충만한 에너지로 많은 역할을 해낼 수 있게 도와줍니다.

부모들에게 방학 동안에 스스로를 돌보기 위해 사용할 만한 방법이 있는지 이야기 나누어 보도록 한다.

기념행사하기

이번 회기의 목표는 집단 내 일체감을 함양하고 1년 차 프로그램을 성공적으로 마친 것을 기념하는 것이다. 음식을 나눠 먹는 파티 같은 기념행사를 하는 것도 이러한 목적을 위한 방법 중의 하나이다. 지난 시간에 특별히 계획하지 않았다면 집단 진행자가 피자를 사거나 단순히 말로 축하할 수도 있지만, 1년 차 프로그램을 잘 마친 것에 대해 꼭 축하하도록 한다.

숙제

✎ 스트레스 관리에 대한 이전 회기를 떠올려 보고, 워크북 3, 4장을 복습하도록 한다.

대처능력 프로그램 2년 차

CHAPTER 14

12회기:
가정에서의 학습지원 복습

필요한 재료

*괘도와 마커펜

*훌륭한 숙제시스템을 만드는 방법에 대한 정보(1, 2회기 참조)

회기 개요

*프로그램에 참여한 부모 환영하기.

*대처능력 프로그램에 대해 간단히 둘러보기

*방학 때 생긴 문제나 중요한 일에 대해 토의하기

*가정에서의 학습지원이라는 개념과 기법에 대해 복습하기

*숙제 내주기

환영 인사하기

방학이 지나고 다시 참석한 부모들을 환영하면서 회기를 시작한다. 새로운 부모나 집단 진행자가 있는 경우, 이때 소개한다. 예를 들어, 월간 일정, 시간, 요일, 장소 등 프로그램과 관련되어 토의해야 할 부분이 있으면 이때 이야기하도록 한다. 부모들에게 이 프로그램에서 다루게 될 내용을 간략히 소개한다.

방학 돌아보기

부모에게 방학에 대해 물어본다. 휴가 기간에 자녀 또는 가족에게 나타난 새로운 문제가 있는지에 대해서도 물어본다. 방학 동안 행동관리 문제가 어떻게 됐는지 토의한다.

중학교 진학

학기 시작이 어땠는지, 또 자녀의 중학교 진학을 준비하면서 지난 학기에 부모집단에서 제안한 방법들을 사용해 보았는지 토론해 본다.

이때 해 볼 만한 질문으로는 다음과 같은 것들이 있다.

- 중학교에 들어와서 잘 지내고 있나요?
- 중학교에 들어와서 여러분이나 아동이 스트레스를 받고 있나요?
- 아동의 선생님이 많아지니 어떤가요?
- 중학교에 들어와서 여러분이나 아동의 할 일이 늘어난 것이 느껴지나요?
- 숙제는 어떤가요? 숙제를 다 끝내려면 시간이 더 오래 걸리나요?
- 또래들의 압력이 올라간 것을 알고 계신가요?

제3장에 제시된 정보와 예시를 사용하면서 토론을 지속한다.

가정에서의 학습지원 복습

오늘 회기의 목표는 부모가 집에서 아동의 학습 성취를 돕는 것, 특히 숙제 완수를 돕는 것이라고 알려 준다. 이를 위해 다양한 양육 기술을 복습할 텐데, 작년에 이미 배운 바 있기 때문에 부모들에게 친숙할 것이다. 이 복습은 중요한데, 왜냐하면 아동이 새로 중학교에 들어가면서 숙제가 더욱 중요해지기 때문이다. 숙제하고 공부하는 좋은 습관을 학년 초에 들이면 학생이 숙제를 계속 미루다가 결국 전부 낙담하거나 다 포기해 버리는 사태를 예방할 수 있다.

아동이 숙제를 마치는 것을 돕기 위해서는 학교에서 무슨 일이 생기는지 부모가 알 필요가 있다. 숙제가 무엇인지 확인하고, 아동의 학습 정도를 효과적으로 파악할 방법이 필요하다. 간혹 아동이 숙제가 없다거나 실제로는 하지 않았으면서도 학교에서 이미 했다고 거짓말하는 경우가 있다. 숙제를 확인할 효과적인 방법이 있다면, 일부 학습문제를 예방할 수 있다. 예를 들어, 선생님의 도움을 받아서 숙제를 확인하기 위한 방법을 만들어 놓는 것이 도움이 될 것이다. 숙제를 해야 할 파일이나 공책[1]을 마련해서 하루를 마칠 무렵에 교사가 숙제를 적어서 보내 주는 것만으로 충분하다. 이 공책의 한 페이지에 아동이 과목별로 숙제를 적어 놓는 것이다. 수업이 하나 끝날 때마다 또는 하루를 마칠 때 숙제를 제대로 적어 놓았는지 확인하고 교사가 서명을 해 준다. 아동이 빠뜨린 것이 있으면 교사가 추가하도록 해서 부모로 하여금 아동이 수업 시간 중에 숙제를 일부라도 마쳤는지 알 수 있도록 한다. 파일이나 공책에는 아동이 숙제를 마쳤는지 확인하거나 부모가 하고 싶은 말을 적

1) 해야 할 숙제를 적는 공책으로, 우리나라 대부분의 초등학교에서는 이런 목적으로 알림장을 사용한다. 하지만 중학교에서는 이에 대한 교사의 협조를 얻어 내기가 쉽지 않은 편이다.

고 서명할 수 있는 칸이 있어야 한다. 숙제공책(알림장)을 집에 가져오는 것은 아동이 해야 할 몫이다. 숙제공책을 가져오지 않았다는 변명은 통하지 않는다.

일부 학교에서는 교사가 매일 숙제를 인터넷에 올리는 시스템을 구축함으로써 부모가 정확히 숙제가 무엇인지 교실마다 게시물을 확인할 수 있게 해 놓았다. 학교에 이런 시스템이 있다면, 숙제를 정확히 파악하기 위해 부모에게 매일 저녁 게시물을 확인하라고 권한다.

교사와의 만남

올해 아동의 담임 교사를 만난 적이 있는지 물어본다. 만약 만난 적이 있다면 어떤 애기를 했는지, 또 교사가 숙제와 관련해서 부모와 의사소통할 의지가 있어 보였는지 물어본다.

아직 교사와 만난 적이 없는 경우, 가까운 시일 내에 교사와 만나는 게 도움이 될 것 같은지 물어본다. 일부 부모 중에는 교직원을 만나는 것에 대해 불편해 하는 경우가 있으므로 대론하면서 생길 수 있는 이러한 문제에 섬세하게 대처해야 한다.

워크북 2장에 있는 교사와의 만남과 관련된 질문 부분을 참조하도록 한다.

숙제시스템 만들기

아동을 위한 숙제시스템을 만드는 방법에 대해 부모와 복습한다. 워크북 2장으로 돌아가서 '가정에서 활용이 가능한 숙제시스템 만들기'에 대한 정보를 참조하도록 한다. 토론을 진행하기 위해 이 책 4장의 관련된 정보를 참고

한다. 이것은 복습이라는 점을 기억한다. 올해 새로 들어온 부모가 많지 않다면 너무 자세히 할 필요는 없다. 워크북 2장을 참고하라고만 말해도 좋다.

숙제 감독하기

1년 차에도 언급했듯이, 아동마다 숙제를 하는 데 필요로 하는 감독(감시)의 양이나 강도는 다양하다. 예를 들어, 학습장애가 있거나 집중력을 유지하는 데 어려움이 있다면 다른 아동보다 좀 더 많은 감독이 필요할 것이다. 각 부모는 아동마다 적절한 감독 수준을 결정해야 한다.

아동의 변화를 규칙적으로 감독하면서 적절한 노력이 보이면 칭찬해야 한다. 아동을 15분마다 칭찬하는 것이 필요할 수도 있으며, 이 간격은 아동이 새로운 구조에 익숙해질수록 점점 늘린다. 이런 적응 시기에는 부모가 도와줄 수도 있지만, 도움을 최소화해야 아동이 숙제를 독립적으로 마치는 데 집중할 수 있다. 만약 아동이 도움을 원하면 부모가 도와줄 수는 있지만, 숙제를 다하려고 스스로 시도한 후에 돕도록 한다. 정해진 시간마다 아동이 숙제하는 것을 부모가 지켜보는 대신, 그 날 해야 할 숙제를 할 수 있는 만큼씩 쪼개서 하도록 하는 방법이 있다. 예를 들어, 아동에게 다음과 같이 말할 수 있다. "수학 숙제를 먼저 해서 엄마한테 가져올래?" 그러고 나서 아동이 가져온 부분을 확인하고, 정답이면 칭찬을 한다. 틀린 문제가 있으면 다음 숙제에 추가해서 다시 해 오도록 한다. 어떤 숙제는 한참 뒤에 확인하는 경우도 있다. 이런 경우, 이 숙제를 마치기 위한 중간 목표를 정해서 해내도록 도와주어야 한다. 장기적인 목표는 작은 부분으로 나누어, 중간에 시한이 될 때마다 그 작은 부분을 해냈는지 지켜보면 된다.

만약 부모가 아동의 숙제를 이해하지 못하겠으면, 그저 아동이 모든 문제를 풀려고 했는지 확인하기만 하면 된다. 정답인지 확인하는 것은 나중에 교사가 하면 된다.

요약

앞서 설명한 내용에 대한 부모의 반응에 대해 토의한다. 숙제시스템을 적용하기에는 시간과 에너지가 부족하다는 불평이 틀림없이 나올 것이다. 이러한 불평에 공감하면서 아동의 학습수행을 걱정하고, 선생님과 만나고, 숙제하라고 아동과 싸우느라 현재 얼마나 많은 시간과 에너지를 소모하고 있는지 물어본다. 숙제를 하는 것이 성공적인 학교 적응 및 실패에 밀접한 관계가 있다는 점을 지적한다. 앞서 설명한 바와 같은 숙제시스템을 가정에 어떻게 적용할 수 있을지 부모가 이해할 수 있도록 돕는다. 숙제를 하는 시스템을 만들어 내기 위해 아동과 밀접하게 상호작용해야 한다는 점을 강조한다. 숙제시스템을 어떻게 만들면 좋을지 아동의 의견을 물어보아야 하며, 그래야 부모, 교사, 아동을 포함한 모든 사람이 참여하게 된다. 이처럼 프로그램을 개발하는 과정에 아동이 의견을 제시하게 함으로써 아동에게 '주인의식'을 느끼게 할 수 있다. 아동에게 물어볼 만한 항목으로는 다음과 같은 것들이 있다.

- 정확히 숙제할 시간
- 정확히 숙제할 장소
- 부모가 숙제 확인을 얼마나 자주 하면 좋을지
- 공책 색깔
- 교사가 매번 서명할지, 아니면 스스로 서명하고 지켜볼지

자녀를 만나기 전에 자녀와 협상할 항목을 골라보도록 한다. 어떤 항목에서 2~세 가지 선택권을 주고 그중에 하나를 고르게 하는 방법도 있다.

워크북 2장의 숙제시스템 기록지 예시를 참고하도록 한다. 이 기록지를 사용해도 좋고, 자신의 자녀에게 맞는 다른 기록지를 만들어 사용해도 좋다. 이 기록지는 그저 예일 뿐이다. 새로운 숙제 구조를 결정하기 전에 교사와 만남을 잡아 볼 수도 있다.

프로그램에 참가하지 않는 배우자나 다른 주요 보호자를 참여시키기

회기를 마치기에 앞서 다음 회기에 배우자나 다른 주요 보호자를 데려오라고 말한다. 다음 회기의 주제는 어떻게 하면 가족이 화목하고, 가족의 기능을 향상시킬 것인가 하는 것이다.

숙제

✎ 아동과 숙제시스템을 재조정하거나 섬세하게 조정해 보도록 한다.

✎ 다음 주 모임에 다른 보호자를 초청하도록 한다.

CHAPTER **15**

13회기:
화목한 가정 만들기

필요한 재료

*괘도와 마커펜

*지역사회에서 가능한 가족 활동 목록이나 책자

회기 개요

*집단에 새로 온 가족 환영하기

*화목한 가정family cohesion 만들기 주제 소개하기

*가족이 함께할 만한 활동에 대해 토의하고 찾아보기

*숙제 내주기

집단 진행자 주석

아동의 일상에 중요한 다른 보호자나 배우자를 오늘 모임에 데려오도록 부모에게 미리 말해 두어야 한다.

환영 인사하기

회기를 시작하면서 참석한 모든 부모, 배우자, 주요 보호자를 환영한다. 부모가 배우자나 주요 보호자를 간단히 소개하고, 새로 온 배우자나 보호자도 스스로 소개한다. 참석한 모두에게 감사의 표현을 한다. 부모가 어떤 보호자

를 데려왔든 이들이 모두 배우자는 아니겠지만, 이번 회기 동안에는 배우자라는 단어를 사용하도록 하겠다.

이번 회기에 참석할 다른 주요 보호자가 없는 경우, 참석한 부모를 대상으로 회기 내용을 다루면 된다.

괘도에 오늘 회기의 주제를 적는다. 회기를 진행하면서 제시된 주제를 반복적으로 언급한다.

집단 진행자 주석

보통 회기는 지난주 내용을 복습하고 숙제에 대해 토론하면서 시작하게 된다. 하지만 이번 주에는 손님이 참석했기 때문에 복습은 다음 회기에 하도록 한다. 매주 집단에 참석하는 부모에게 이 변경 사항에 대해 설명한다. 또한 지난주 숙제에 대해 의논하고 질문하고 싶어 하는 부모가 있다면, 이번 주 집단 회기에서는 적절하지 않기 때문에 따로 만나서 하도록 한다.

배우자나 조언자의 개입

배우자에게 부모집단과 아동집단에서 무엇을 배우는 것으로 알고 있는지 물어보면서 배우자가 참석하도록 한다. 배우자에게 대처능력 프로그램의 내용과 목표에 대한 정보를 제공한다. 배우자가 그룹에 참석하는 것을 언제나 환영하며, 오늘은 특히 배우자를 고려해서 계획한 것이라고 분명하게 표현한다.

화목한 가정 만들기

오늘의 주제는 향후 수년간 아동의 행동을 어떻게 다룰 것인가에 대한 것임을 알려 준다. 이 시기 동안 아동이 나이를 먹고 성숙해 가면서, 발달 상 새로운 시기에 들어서면서 새로운 문제로 다투게 될 것이다. 향후 아동에 대해 바라는 것이 있다면 말해 보도록 한다. 무엇이 두려우며, 향후 6~8년간 아동이 자라는 것을 보면서 걱정되는 것이 무엇인지 말해 보도록 한다.

집단 전체적으로 이러한 문제에 대해 말해 보도록 한다. 이 속에서 부모의 걱정과 근심을 이끌어 내도록 해 본다. 술이나 마약문제에 노출될 가능성과 공격적이거나 폭력적인 행동에 노출되거나 개입될 가능성 등에 대해 꼭 토의한다. 중고교 시절의 물질남용 유병률에 대한 역학 연구결과를 언급할 수도 있다(예를 들어, 많은 아동이 중고교 시절에 술이나 기분 변화에 영향을 주는 물질을 남용하며, 이중 일부는 알코올의존이나 중독 같은 실질적인 물질남용 문제로 진행되기도 한다).

아동이 이런 문제에 직면하게 되면 부모의 역할은 무엇일지 생각해 보도록 한다. 수많은 것이(예를 들어, 학교, 친구) 아동의 장기적인 발달에 영향을 미치겠지만, 부모야말로 지속적으로 아주 중요한 존재이다. 아동에 대한 부정적인 영향을 예방하기 위해 부모가 할 수 있는 것들이 있다. 워크북 13장 '가족기능 향상시키기' 부분을 참고하고, 다음 정보를 활용해서 토의한다. 다음 항목들은 아동이 발달하고 성숙해 가면서 문제가 생길 가능성을 낮춘다고 확인된 것으로, 부모들에게 반드시 말해 준다.

가족의 기능 향상시키기

부모로서 가정의 화목과 전반적인 기능을 향상시킬 수 있는 방법은 많다. 여기에 제시한 것은 효과가 있는 것으로 알려진 수많은 방법 중 일부에 불과하다.

- 아이와 함께하라! 스포츠를 같이 하고, 공부가 아니라면 무엇이든 함께하라.
- 아이에게 비판단적이고 솔직하게 대화하라.
- 아동과의 관계를 키워라. 잊지 말고 규칙적으로 한 아동과만 보내는 시간을 가진다.
- 기대하는 바와 규칙을 명확하게 정하라.
- 바람직하지 않은 행동을 하면 어떤 결과를 줄지 정하고, 이를 일관되게 시행한다.
- 긍정적인 분위기를 형성해서 갈등을 최소화한다. 이는 '아동이 착한 때를 포착하라.'라는 의미로, 아동의 바람직하지 않은 행동을 포착하는 만큼 바람직한 행동도 알아채고 칭찬하라는 의미이다.
- 아동이 폭력이 아닌 말로 문제를 해결하도록 가르친다.
- 가능하다면 아동과 협상한다.
- 술이나 물질을 남용하지 않도록 한다.
- 아동의 미래에 대해 말하면서 이들이 계획하도록 돕는다.

화목한 가정 만들기의 근거

화목한 가정 만들기가 중요한 이유를 부모에게 설명하기 위해 다음의 예시를 사용해도 좋다.

지금까지 우리가 말해 온 것 가운데 가장 중요한 것으로, 장기적으로는 그 어떤 양육 기법보다 부모와 자녀 간의 행복한 관계가 중요하다고 합니다. 이는 가족끼리 다퉈서 한동안 서로를 피하는 일이 없다는 말이 아닙니다. 부모와 자녀가 가장 행복하고 서로를 존중하는 긍정적인 감정과 함께했던 순간을 '예금계좌'처럼 저장해 두었다가, 힘든 시절에 인출해서 헤쳐 나가는 것이 중요하다는 것입니다. 이러한 긍정적인 '예금 계좌'가 없다면 부모는 양육이라는 힘든 작업을 해낼 에너지와 동기가 부족하고, 아동은 부모의 규칙과 기대에 따름으로써 부모를 만족시키려 하지 않을 것입니다. 아동이 나이를 먹으면서 관계가 더욱 중요해집니다. 남자아이는 부모보다 크고 힘이 세지면 더 이상 부모가 무엇을 하라고 시킬 수 없기 때문에 그 청소년이 부모의 규칙과 기대를 따르기로 선택해 주기를 바랄 수밖에 없습니다. 자녀가 가족과 함께한 긍정적인 느낌과 경험의 예금 계좌에 저장된 게 많을 때 이러한 선택을 할 가능성이 훨씬 높아질 것입니다.

가족 활동을 함께하는 시간 말고도, 남자아이라면 배우자(아니면 다른 중요한 남자 어른)와 일대일로 특별한 시간을 가지는 것도 중요하다. 부모에게 이것에 대해 어떻게 생각하는지 물어본다. 배우자에게 아들과 함께하는 시간이 중요하다고 생각하는지, 특히 아들이 나이를 먹을수록 더 그렇다고 생각하는지 물어본다. 현재 아들과 함께 시간을 보내기 위해 어떤 방법을 사용하고 있는지 들어 본다.

화목한 가정을 만들기 위한 절차

화목한 가정을 만든다는 것은 따뜻하고 지지적인 분위기를 만들어서 그 속에서 가족이 긍정적인 활동을 계획하고, 서로 긍정적인 경험을 하게 된다는 의미이다.

집 안에서의 화목한 가정 활동

온 가족이 재미있고 즐거운 경험을 할 수 있는 가정에서의 활동으로는 무엇이 있을지 전체적으로 물어본다. 이러한 활동은 부모만 즐거운 것이 아니라, 아동도 즐거워야 한다는 점을 꼭 강조한다. 가족이 참여하는 활동을 결정하는 데 있어서 아동이 적극적인 역할을 하고 흥미를 보이는 것은 매우 중요하다. 가족 간에 서로 좋아하는 것이 많이 다를 경우, 돌아가면서 하는 방법을 적용해야 한다. 가족이 함께 있으면 현재 어떤 분위기가 되는지, 가족이 함께 긍정적인 시간을 보내는 경우가 얼마나 자주 있는지 등에 대해 아직 다룬 적이 없다면 물어서 들어보도록 한다. 가족과 함께 노는 데 있어 약간의 어려움을 겪거나, 계획한 활동을 하다가 불쾌한 경험(예를 들어, 형제간의 갈등, 누군가 안 하려 하는 경우)을 하게 되는 것은 지극히 정상이다. 이런 경험은 정상이라 말하며, 꾸준히 가족 동반 외출이나 집에서 하는 활동들을 계획하고 시행하도록 권한다.

가족활동 계획의 한 가지 예로 가족의 밤을 해 볼 수 있다. 이는 가족이 다 함께 집에서 카드 게임 또는 보드 게임을 하거나, 책을 읽거나, 같이 기도하거나, 밖에 나가서 공을 주고받거나, 같이 자전거를 타러 나가거나, 야외에서 고기를 구워 먹거나 하는 것이다.

아니면 가족의 밤 대신에 주중이나 주말에 잠시 가족이 만나는 시간을 시도해 볼 수도 있다. 예를 들어, 어떤 가족은 1주에 4번 정도 식탁에 모여 앉아 30분 정도 이야기를 하거나 함께 게임을 한다.

대부분의 시간을 가족 모두가 아닌 일부만 상호작용하는 경우가 드물지 않다. 이것도 괜찮으며 권장해야 한다. 일부 가족에서는 온 가족이 모여 보드 게임을 하는 것이 가능하지만, 다른 가족에서는 부모 중 한 명만이 시간을 낼 수 있어서 아동과 단둘이서 무언가를 할 수밖에 없다. 어쨌든 가능한 한 잠시

라도 가족과 상호작용하는 것이 중요하다.

아동의 나이가 많거나 성숙하다면, 가족과 보내는 시간 만큼이나 또래와 보내는 시간이 훨씬 중요할 수 있다는 점을 설명한다. 이는 아동이 성장하면서 나타나는 자연스러운 발달단계로, 자녀는 친구를 선택하고 보다 독립적으로 되는 데 있어 부모의 도움이 필요하다는 점을 부모에게 설명한다. 하지만 자녀가 친구와 지낼 시간을 주면서도 정기적인 가족 시간을 꾸준히 유지해야 한다. 하나를 위해 다른 것을 제외할 필요는 없다.

집 밖에서의 화목한 가정 활동

가능하다면, 부모들에게 지역사회에서 가능한 가족 활동이나 자원 목록을 나눠 준다.

집단 진행자 주석

지역사회에서 가능한 자원을 찾아보고, 집단 진행자가 자원 안내서를 직접 만들어야 하는 경우도 있다. 안내서를 만들 때, 참석한 가족의 경제력을 반드시 고려해야 한다. 집단 내 가족이 비용을 감당할 수 없는 경우, 비싸거나 비용이 많이 드는 외출이나 활동을 권하면 절대 안 된다.

집 안에서 긍정적인 가족 경험을 하는 것 외에 집 밖에서도 긍정적인 경험을 할 수 있다. 이중 일부는 비용이 들지만(예를 들어, 공연 또는 영화를 보러 가기, 노래방에 가기), 다른 것 중에는 비교적 저렴하게 가족이 함께 경험할 수 있는 것들(예를 들어, 대형마트에 가기, 다 같이 패스트푸드 식당에서 점심 먹기, 토요일 오후에 함께 산책하기, 근처 공원에 가서 가족과 함께 공놀이 하기)도 있다. 물론 가족 활동을 위한 비용을 가족마다 얼마나 댈 수 있을지에 대한 결정을 해야 한다. 집단 내 가족 중에는 이런 활동을 하는 데에는 한 푼도 쓸 수 없다고 느끼는 가족도 있을 수 있다. 이러한 문제는 매우 조심해서 다루어야 하는데, 아마도 재정적으로 매우 힘든 가족일 것이기 때문이다. 이때 다음과 같이 말할 수 있다.

> 비용 때문에 가족 활동을 안 하기로 결정하기 전에 예방에 대해 생각해 보고, 가족 활동의 장단점을 신중하게 생각해 보시기 바랍니다. 예를 들어, 긍정적인 가족 경험을 위해 매달 비용을 지불한다면, 아동이 사춘기 때 값비싼 비용을 치르지 않아도 될 수 있습니다. 지금 가족 활동에 사용되는 돈은 여러분의 가족과 미래에 투자하는 것입니다.

집 밖에서의 활동에 대해 집중적으로 토론해 본다. 비교적 저렴한 방법(예를 들어, 마트에 가기, 함께 아이스크림 사 먹기)부터 아주 비싼 방법(예를 들어, 가족 모두 공연 보러 가기)에 이르기까지 비용이 드는 활동뿐 아니라, 비용이 전혀 들지 않는 활동도 꼭 포함시키도록 한다.

배우자가 참석한 김에 배우자와 자녀의 관계문제를 다루면서 앞의 예시를 실행한 후 배우자끼리의 토론으로 이끌 수도 있고, 앞의 예시 대신에 배우자끼리의 토론을 해 볼 수도 있다. 아마도 토론의 주제는 배우자와 자녀의 관계가 좋아지려면 무엇을 함께할 수 있을지에 대해 다루게 될 것이다.

숙제

✎ 집 안팎에서 화목한 가정을 만들기 위한 활동을 열심히 해 보도록 권하고, 워크북에 있는 **화목한 가정 기록지**를 작성해 오도록 한다.[1)]

1) 화목한 가정 기록지에는 집 안에서 함께 해 볼 수 있는 가족 활동과 가능한 횟수를 적어 보고, 집 밖에서 함께 해 볼 수 있는 가족 활동과 가능한 횟수를 적어 보게 한다.

CHAPTER 16

14회기:
가족 내 문제해결

필요한 재료

*괘도와 마커펜

*아동이 완성한(아동집단이 있다면) 아동집단 문제해결 기록지

*아동집단을 녹화한 동영상 및 플레이어

회기 개요

*주제 선정하기

*이전 회기 복습 및 숙제 확인하기

*가족 내 문제해결이라는 주제 소개하기

*PICC 모형을 사용해서 가족 내 문제해결 단계에 대해 토의하기

*아동집단에서 만든(아동집단이 있다면) 문제해결 동영상 그리고/또는 아동이 작성한 PICC 기록지를 보여 주기

*숙제 내주기

주제 선정하기

참석한 모든 부모를 환영하면서 지난 회기 이후에 나타난 반응이나 질문이 있는지 확인한다. 지난 회기에 배우자나 중요한 보호자가 참석했다면, 그들의 반응이 어땠는지 물어본다. 괘도에 오늘 회기의 주제를 적는다. 회기를 진

행하면서 제시된 주제를 반복적으로 언급한다.

이전 회기 복습 및 숙제 확인하기

숙제에 대한 규칙이나 구조를 어떻게 정해서 시행하고 있는지, 또는 수정했는지 각 부모에게 차례대로 물어본다. 이 방법은 사실 12회기에서의 숙제였으나, 지난주에 배우자 및 주요 보호자가 온 관계로 살펴보지 않고 넘어간 바 있다.

숙제를 확인하면서 다음의 사항들을 다루도록 한다.

* 부모 중에 누구든 새로운 규칙이나 구조를 도입했나요?
* 이것을 어떻게 할 수 있었나요?
* 아동의 반응은 어땠나요?
* 지켜보기나 확인하기는 어땠나요?
* 이런 경우, 한 부모 또는 부모 둘 다 어떤 전략을 사용했나요? 어떻게 됐나요?

규칙이나 지켜보기를 시도해 본 부모가 있다면 지지해 주고, 시도하지 않은 부모라면 다른 부모가 성공했다고 말하는 전략들을 시도해 보도록 격려한다.

지난주(13회기) 화목한 가정 만들기 숙제도 확인하고, 집 안팎에서의 화목한 가정 만들기 활동 중에 가족 모두가 참여한 활동은 무엇이었는지 발표하도록 한다. 숙제의 일부라도 하려고 했으면 부모를 칭찬한다. 숙제를 적용하려다 겪게 된 장애물에 대해 집단에서 토론하도록 한다(필요하다면).

가족 내 문제해결

가족 내 문제해결에 대한 토론을 시작하기 위해 다음의 예시를 사용해도 좋다.

> 지금까지 우리는 아동이 부모의 지시에 따르도록 가르치기 위해 부모가 사용할 수 있는 기술에 대해 말해 왔습니다. 하지만 가정에서는 가족끼리 서로 다른 의견으로 인해 갈등이 생기며, 이런 경우에 갈등을 해결할 방법을 찾아내야 문제가 악화되지 않을 수 있습니다. 이러한 갈등이 반드시 규칙을 어긴 것이거나 반항적인 행동과 관련된 것은 아닙니다. 그보다는 차라리 불변의 법칙이란 없으며, 각자 생각이 다를 수 있다는 사실과 관련이 있습니다. 이러한 갈등으로는 형제간의 갈등, 부모-자녀 간의 갈등, 부부간의 갈등 같은 것이 있습니다.

집단원에게 가정에서 볼 수 있는 몇 가지 문제의 예를 들어 보도록 한다(예를 들어, 형제간, 부모-자녀 간, 부부간). 토론 중에 자연스레 나오지 않는데 괜히 부부갈등 문제로 밀어붙이지 않도록 한다.

형제 갈등을 다루기 위해 현재 무엇을 하는지 물어본다. 문제를 일으킨 아동을 벌주는 것과 갈등을 다루는 기술을 가르치는 것의 차이를 부드럽게 언급한다.

가족 내 문제해결의 단계

아동집단에서 문제해결에 대해 토의하고 있다는 것을 부모에게 설명한다

(아동이 프로그램에 참여하고 있다면). 문제해결이란 사람들이 갈등을 풀려 할 때 또는 문제를 해결하려 할 때 따르게 되는 단계나 과정을 말한다. 아동집단에서 소개했던 문제해결 모형에 대해 부모에게도 소개한다. 이 모형은 PICC 모형(문제해결 모형)이라고 부르며, 다음과 같이 4단계가 있다. 괘도에 4단계를 적는다.

- 문제를 확인한다.Problem identification
- 가능한 해결방법을 모두 찾아본다.Identify all choices
- 각 해결방법의 결과를 예상해 본다.Consequences of each choice
- 해결방법을 선택한다.Choose a solution

워크북의 PICC 모형을 참고하도록 하고, 다음의 예시를 사용하면서 각 단계를 살펴본다.

1단계: 문제 확인하기

다른 관점 취하기

문제 확인 단계에서는 아동에게 현재 상황에서 각자의 관점에서 볼 때(자신의 관점이 아니라) 문제란 무엇인지 찾아보라고 합니다. 아동에게 문제가 무엇인지 정의할 때 가능한 한 객관적으로 하고, 비난하거나 욕하거나 비하하지 말라고 합니다.

예를 들어, 누가 카드를 가지고 놀지의 문제로 두 아동이 싸우는 상황에서 "너도 지금 카드를 가지고 놀고 싶고, 나도 지금 카드를 가지고 놀고 싶어."라고 한다면, 적절한 문제 확인의 예가 될 것입니다. "이기적인 놈! 넌 항상 너 하고 싶은 대로 하잖아."라고 한다면, 부적절한 문제 확인의 예가 될 것입니다.

다른 예로, 엄마와 아동이 언제 집안일을 할 것인지의 문제로 다투는 경우를 봅시다. 적절한 문제 확인의 예라면 "넌 지금 당장 친구랑 마트에 가고 싶어 하고, 난 네가 집안일을 하길 원해."가 될 것입니다. 부적절한 문제 확인의 예로는 "넌 게을러 빠져서 집안일을 하나도 돕질 않는구나." 정도가 되겠습니다.

각자의 목표

문제 확인의 다른 측면은 그 상황에서 각자의 목표가 무엇인지 아동에게 생각해 보도록 가르치는 것입니다. 예를 들어, 아이는 영화를 보러 가고 싶어 하고 부모는 집안 청소를 하길 바라면서 부모와 자녀가 갈등하고 있다면, 그 상황에서 각자의 목표에 대해서 생각해 볼 수 있습니다.

각자의 목표에 대해서 생각해 봄으로써 협조와 타협의 가능성이 열리며, 둘 다 원하는 것을 얻는 길을 찾을 수도 있습니다. 엄마의 단기목표는 집안일을 하는 것입니다. 자녀의 단기목표는 영화를 보러 가는 것입니다. 엄마와 자녀의 장기목표는 행복한 관계를 유지하는 것입니다. 이 목표에 초점을 맞춤으로써 엄마와 자녀는 세 가지 목표 모두를 이룰 수 있는 방법을 찾을 수도 있습니다(예를 들어, "지금 집안일을 반만 해 놔. 그리고 영화를 보러 가. 대신에 돌아와서 나머지 반을 하겠다고 약속해."라고 했다면, 당연히 자녀가 집에 돌아와서 그 약속을 지키도록 해야 합니다.).

2단계: 가능한 해결방법 찾아보기

2단계에서는 아동에게 브레인스토밍, 즉 가능한 많은 해결방법을 떠올려 보라고 가르칩니다. 모든 해결방법을 생각해 보라고 합니다. 그러면서 결과를 평가하지 말고, 그저 가능한 모든 방법을 나열해 보라고 합니다. 방법을 평가하는 것은 다음 단계에서 하면 됩니다. 가족 내 문제해결 회기를 하면서 다른 가족이 말하는 다양한 방법을 부모나 자녀가 받아 적을 수 있습니다.

3단계: 결과를 예상하기

3단계에서는 아동에게 해결방법 목록으로 돌아가서 각 해결방법마다 결과가 어떻게 될지 예상해 보라고 합니다. 예를 들어, '동생을 때린다'는 동생과의 갈등에 대한 해결방법 중 하나가 될 수 있습니다. 하지만 그 선택과 관련된 결과로는 동생이 다친다, 외출이 금지된다, 동생에게 맞는다, 특권을 박탈당한다 등이 있습니다. 부정적인 결과는 너무나 많고 긍정적인 결과는 있다 해도 별로 없어서 이 해결방법은 나쁜 방법으로 분류할 수 있습니다. 더 나은 해결방법으로는 돌아가며 카드를 가지고 놀기, 누가 먼저 할지 동전 던지기, 함께 카드놀이 하기 등이 있습니다. 이런 방법들은 긍정적인 결과로 이어집니다.

4단계: 해결방법 선택하기

마지막 단계로서 아동에게 모든 결과를 살펴본 후 그 중에 한 가지 해결방법을 고르라고 합니다. 그 방법을 시도해 보고, 어떻게 되는지 지켜보라고 합니다. 첫 번째 해결방법이 실패하면, 예비 해결방법을 준비해 뒀다가 시도해 보라고 합니다.

문제해결 동영상과 PICC 기록지 보여 주기

아동이 대처능력 프로그램에 참석하고 있다면 아마도 문제해결 동영상을 만들었을 것이며, 그것을 이번 주에 다른 부모들과 함께 보도록 한다. 이 동영상에는 아이들이 문제상황을 연기하고, 그 문제에 대한 다양한 해결방법을 시도하는 장면이 담겨 있다. 모든 아동이 동영상을 보여 줘도 된다고 동의한 경우에만 볼 수 있다는 점을 알린다. 이 문제에 대해 아동집단 진행자와 상의한다.

이것이 안 되면 아동집단에서 작성한(아동이 참석하고 있다면) 문제해결 기록지를 살펴볼 수도 있다. 부모가 문제해결 모형을 알아야 필요한 순간에 아동이 문제해결 모형을 사용하도록 도울 수 있다는 점을 강조한다.

숙제

✎ 문제해결(PICC) 모형에 대해 토의하기 위해 가족 모임을 하도록 지시한다.

✎ 워크북에 있는 **문제해결 기록지**를 이용해서 가정에서 생기는 갈등을 해결하기 위해 최선을 다해 이 모형을 적용해 보라고 한다.[1)]

✎ 가정에서의 갈등을 잘 지켜보다가 갈등이 생기면 이 모형을 사용하도록 격려한다. 아동이 이 모형을 사용하면 칭찬해야 하며, 아마도 향후 이 모형을 사용하지 않을 때 처벌 절차를 사용해야 할지도 모른다.

1) 문제해결 기록지에는 가족이 합의한 문제의 정의, 생각해 낸 해결방법들, 그 선택을 할 경우에 예상되는 결과, 선택한 해결방법을 적도록 한다.

CHAPTER **17**

15회기:
가족대화

필요한 재료

*괘도와 마커펜

회기 개요

*주제 선정하기

*이전 회기 복습 및 숙제 확인하기

*장기적인 가족대화에 대해 소개하기

*가족대화를 위한 구조 개발하기

*집 밖에서 아동의 활동을 지켜보기 위한 방법에 대해 토의하기

*숙제 내주기

주제 선정하기

참석한 모든 부모를 환영하면서 지난 회기 이후에 나타난 반응이나 질문이 있는지 확인한다. 괘도에 오늘 회기의 주제를 적는다. 회기를 진행하면서 제시된 주제를 반복적으로 언급한다.

이전 회기 복습 및 숙제 확인하기

문제해결(PICC) 모형에 대한 가족 모임을 해 보고, 어떻게 되었는지 물어본다. 아동이 어떻게 반응했으며, 그 모형을 가족 내에서 적용하는 데 성공했는지 물어본다. 필요하면 문제점과 염려되는 점에 대해서도 토의한다.

잊지 말고 기회를 봐서 오랜 기간 많은 숙제(예를 들어, 무시하기, 행동 추적하기, 특별한 가족시간)를 하느라 고생한 부모들을 격려하면서 이번 회기의 숙제도 열심히 하도록 격려한다. 숙제를 하려고 최소한 시도라도 한 부모라면 칭찬하고, 반드시 아동과 특별시간을 계속하라고 당부한다. 이는 강력한 부모자녀의 관계를 형성하고 유지하기 위한 매우 중요한 부분이며, 집단 진행자는 이 기법의 중요성을 꼭 정기적으로 강조해야 한다.

장기적인 가족대화

아동이 자라서 독립할 무렵까지의 장기적인 양육이라는 개념에 대해 집단 전체적으로 토의한다. 이제까지 우리는 4, 5, 6학년의 아동에게 부모가 당장 써 먹을 수 있는 기술에 대해 말했으며, 또 아동이 성장하면서 부모가 개입하는 것이 중요하다고 했다. 다음의 예시를 사용해도 좋다.

> 여러분이 현재 배우고 있는 기술은 화목한 가정을 이루고 유지하는 데 도움이 되고, 또한 아동이 청소년기에 겪게 될 양육적 도전을 극복하는 데에도 도움이 될 것이라 믿습니다.
>
> 아동이 자라서 청소년기가 되면 새로운 발달적 요구 때문에 여러분도 목적을 달성하

는 방법이 바뀔 것입니다. 예를 들어, 지금은 주말에 해가 지면 집에 와야 한다는 규칙이 있을 수 있습니다. 하지만 나중에 나이가 들면 아동은 자신의 귀가시간에 대해 부모와 협상하려 할 것입니다. 부모로서 여러분은 귀가시간에 대한 규칙이 계속되길 바랄 수도 있습니다만, 아마도 실제로는 귀가시간을 자녀와 협상해야 할 것입니다. 이처럼 여러분의 자녀가 자라면서 변화될 만한 다른 것이 있다고 생각하나요?

부모들에게 예를 생각해 보도록 격려한다. 다음은 부모들이 생각한 예에 보충할 만한 내용이다.

*지금은 보드게임을 하면서 가족시간을 함께 보낼 수 있습니다. 하지만 가족시간에 하는 활동도 아동이 자라면서 변할 것입니다. 이러한 변화에 대해 말해 보고, 더 나아가 이러한 변화에 어떻게 대처하면 좋을지 이야기해 봅시다.

*지금은 타임아웃을 지시에 따르지 않거나 규칙을 어길 때 처벌로 사용할 수 있습니다. 하지만 자녀가 자라게 되면 타임아웃은 더 이상 적절하지 않을 것이며 집안일이나 특권제한 같은 새로운 처벌 기법으로 전환할 필요가 있습니다. 사실, 어떤 아동에겐 벌써 이 방법이 맞을 수도 있습니다.

부모들에게 양육이란 계속 진화하는 과정이며, 발달하는 아동의 요구에 맞게 적응하는 과정이라는 점을 짚어 준다. 아동이 자라면서 달라지는 부모의 역할에 대해 부모들은 어떻게 보는지 물어본다. 부모들에게 각자의 생각을 말하도록 한다. 다음은 각 부모가 보다 많은 생각을 표현할 수 있도록 돕는 질문들이다.

*현재 여러분의 가족은 문제나 걱정거리에 대해 서로 대화하는 방법을 가지고 있나요?

* 여러분의 가족은 이미 정한 규칙을 바꾸려 할 때 어떻게 결정하나요?
* 여러분의 가족은 현재 어떻게 이야기를 나누고 있나요?
* 가족 내 문제가 있으면 얼마나 자주 모여서 이야기를 하나요?
* 여러분은 가족 내 대화하는 방식이 마음에 드나요?

워크북 15장에 있는 장기적인 가족대화 부분을 참고한다. 예방 측면에서 아동을 감독하고 지켜보는 것이 중요하다는 점을 꼭 언급한다. 쉽게 말해서, 부모가 관심을 가질수록 비행 청소년 집단과 어울릴 가능성이 줄어든다. 이 토론을 마친 후, 워크북의 4W1H[1]라는 제목이 붙은 기록지를 참고해서 가족끼리 의사소통하는 방법으로 사용할 수 있다고 설명한다. 이 기록지를 통해 부모와 자녀 간에 서로의 일정에 대해 보다 잘 알 수 있다.

가족대화 구조화하기

각 부모에게 지속적으로 가족대화를 할 수 있도록 구조를 선택해 보라고 한다. 브레인스토밍을 통해 새로운 방식을 만들어 낼 수도 있고, 이미 있던 방식인데 살짝 조정해서 해 볼 수도 있다. 어떻게 하면 가족대화를 꾸준히 하려는 새로운 계획에 가족의 협조를 이끌어 낼 수 있을지 말해 보도록 한다. 지속적인 가족대화의 목적은 아동의 삶에 꾸준하고도 적극적으로 관여하려는 것임을 강조한다. 이는 나중에 부정적인 문제가 발생하지 않도록 예방하는 수단이 될 수도 있다. 마지막으로, 이는 가족을 보다 행복하게 해 줄 수도 있다.

1) Who: 누가, What: 무엇을, Where: 어디서, When: 언제, How: 어떻게

또래와의 외출 구조화하기

아동이 자라면서 자신의 독립성을 주장하기 시작하는 방법 중 하나가 부모의 감독 없이 친구와 놀러 가겠다고 하는 것이라는 점을 부모에게 설명한다. 부모가 결정해야 할 사항은 다음과 같다.

* 내 아이가 준비되었나?
* 어디까지 가도 좋다고 할 것인가?
* 누구와 가도 좋다고 할 것인가?

이 문제에 대한 자신의 생각을 다른 사람들과 나눠 보도록 한다. 이러한 결정에 영향을 미치는 요인들에 대해 말해 보도록 격려한다.

일단 아동에게 친구와 놀러 가도 좋다고 허락했다면, 부모 없이도 이들의 활동을 지켜볼 방법이 필요하다. 워크북의 4W1H 기록지를 사용해 보도록 제안하고, 아동에게도 친구와 나가기 전에 적어 보도록 한다. 이 기록지를 사용함으로써 아동이 이러한 사항들에 대해 생각해 보고, 부모와 의사소통하게 해 준다. 누구랑 갈 것이고, 무엇을 할 것이며, 어디에 있을 것이고, 언제 가서 언제 돌아올지, 어떻게 갔다 올지 부모에게 말함으로써 아동은 실제로 계획을 세우게 되고, 부모에게 이 계획을 의사소통하게 된다. 이런 방식으로, 부모는 아동이 하게 될 활동과 만나게 될 사람을 감독할 수 있다.

이 과정을 도와줄 만한 다른 좋은 아이디어가 있는지 부모들에게 물어본다. 있다면 그런 생각과 경험을 전체적으로 공유한 후, 자녀의 나이가 많은 부모에게 그동안 어떤 전략이 효과적이었는지, 또 어떤 전략은 그다지 성공적이지 못했는지 말해 보도록 한다.

프로그램 종결 축하파티 준비하기(선택 가능)

다음 주면 대처능력 프로그램의 마지막 회기가 된다. 1년 차 프로그램을 종결했을 때처럼, 전체 프로그램 종결을 축하하기 위한 파티를 할지 부모들과 상의해 볼 수 있다. 파티를 위한 음식 마련을 제안하기에 앞서 집단원의 경제 상태를 고려하는 것이 중요하다. 일부 부모는 파티에 필요한 음식 마련이 부담될 수도 있다. 이런 경우, 피자를 주문하거나 간단한 다과를 집단 진행자가 제공할 수도 있다. 파티를 제안할 때에는 잘 판단하기 바란다.

숙제

✎ 집에 가서 가족대화를 꾸준히 하기 위한 방법에 대해 의논해 보라고 한다. 다음 회기에 오기 전에 최소한 한 번이라도 가족대화의 시간을 가져 보도록 한다.

CHAPTER 18

16회기:
장기 계획과 종결

필요한 재료

*괘도와 마커펜

*프로그램 종결을 축하하기 위한 다과

회기 개요

*주제 선정하기

*이전 회기 복습 및 숙제 확인하기

*학교나 지역사회 자원 같은 장기 계획을 위해 필요한 것들에 대해 토의하기

*프로그램 종결하기

집단 진행자 팁

프로그램의 마지막 회기로서 조촐하게나마 축하행사를 하는 것이 좋다. 각자 집에서 가져온 음식이나 진행자가 특별히 준비한 다과를 제공함으로써 그동안 열심히 참여하고 노력한 모두에게 감사하고 작별인사를 하는 의미가 있다. 참여자에게 수료증을 주는 것도 이 과정을 마치는 의미와 함께 프로그램에 참여했던 것을 떠올리게 하는 기념품이 될 수 있다.

주제 선정하기

참석한 모든 부모를 환영하면서 지난 회기 이후에 나타난 반응이나 질문이

있는지 확인한다. 괘도에 오늘 회기의 주제를 적는다. 회기를 진행하면서 제시된 주제를 반복적으로 언급한다.

이전 회기 복습 및 숙제 확인하기

가족대화를 위한 시도를 해 보았는지, 어떤 형태로 해 보았는지 물어본다. 또한 실제로 가족 모임을 해 본 결과가 어땠는지 토의해 본다. 서로 자신의 경험에 대해 공유하도록 하고, 보다 나은 가족의 기능을 위해 노력했다면 서로 지지해 주도록 한다.

잊지 말고 기회를 봐서 1년이 넘는 기간 동안 배워 온 다양한 전략과 기술을 사용해 보려고 애쓴 노고를 치하하고, 프로그램은 끝나지만 앞으로도 꾸준히 사용해 보도록 권유한다.

장기 계획

오늘 모임이 대처능력 프로그램의 마지막 만남이기 때문에 앞으로 장기적으로 부모자녀가 어떻게 하면 좋을지 토의하기에 좋은 시점이다. 학교나 지역사회에는 부모자녀에게 도움이 될 만한 프로그램이 아주 많다.

이제 대처능력 프로그램이 끝나는 시점에서 여러분과 자녀가 앞으로 장기적으로 어떻게 지내면 좋을지 이야기해 볼 때인 것 같습니다. 자녀가 대처능력 프로그램에 참여함으로써 도움을 받았기를 바랍니다. 또 여러분도 그동안 참석해 온 부모집단을 통해 도움이 되셨기를 바랍니다. 저희는 여러분과 자녀를 위한 수많은 프로그램이 학교와 지역사회에 있다는 것을 여러분이 꼭 아셨으면 합니다.

아동을 위한 학교 프로그램

워크북 16장에 있는 중학교 프로그램 기록지를 참고하도록 한다. 가능한 한 부모와 함께 이 표를 가득 채워 보도록 한다. 다양한 학교에서 제공하는 프로그램들은 자주 바뀌며, 더 자세한 정보를 얻으려면 학교 교장이나 상담 교사를 만나야 한다는 점을 꼭 말해 준다. 집단 진행자가 사용할 수 있도록 〈표 18-1〉에 학교 프로그램 기록지를 제공하였다. 원한다면, 이 기록지를 복사하여 내용을 조사해서 채운 후, 부모들에게 나눠 주면 된다.

〈표 18-1〉 학교 프로그램 기록지

학교	또래중재 프로그램[1]	방과 후 프로그램	개별지도	스포츠 프로그램	상담교사	학교 사회복지사

1) 또래 중재peer mediation 프로그램이란 아동끼리 다툼이 생겼을 때 문제해결을 도와주는 프로그램을 말한다.

아동과 가족을 위한 지역사회 프로그램

대개의 지역자치단체에는 다양한 문제와 걱정거리를 지닌 가족을 돕기 위한 사설 및 정부 지원 프로그램 목록을 가지고 있다고 설명한다. 집단 진행자가 부모들을 위한 지역의 프로그램 목록을 만들어야 할 것이다.

프로그램 복습

〈표 18-2〉의 대처능력 프로그램 부모집단 교육과정을 사용해서 대처능력 프로그램에 대해 간단히 복습한다.

〈표 18-2〉 대처능력 프로그램-부모집단 교육과정

	회기	설명
1년 차	1	소개, 개요, 학습지원
	2	가정에서의 학습지원
	3~4	스트레스 관리
	5	기본 사회학습이론 및 부모자녀 관계 증진
	6	사소한 문제행동 무시하기
	7	아동에게 효과적으로 지시하기
	8	규칙과 기대행동 정하기
	9~10	훈육과 처벌
	11	방학 준비하기
2년 차	12	가정에서의 학습지원 복습
	13	화목한 가정 만들기
	14	가족 내 문제해결
	15	가족대화
	16	장기 계획과 종결

양육 기술을 오래 유지해야 한다는 점에 대해 토의하기

집단 진행자 팁

부모에게 심어 주어야 할 요점은 부모가 된다는 것은 평생 과업이며, 대처능력 프로그램에 부모가 참여하면서 배운 기술은 장기간 도움이 될 것이라는 점이다. 또한 자녀가 자라면서 부모의 양육 기술도 수정 및 개선되어야 한다는 점을 다시 한 번 말해 준다.

자녀가 나이 들고 성숙해지는 향후 수년간 이 프로그램에서 배운 기술을 꾸준히 사용하도록 권장한다. 아동이 독립해서 나갈 때까지 이러한 기술을 사용할 수 있을 것이며, 그렇게 된다면 가정에서의 상황은 순조롭게 진행될 것이고 부모는 이 시기에 청소년에게 닥칠 좋지 않은 결과 중 일부를 성공적으로 예방할 수 있을 것이다.

이러한 양육 기술을 지속적으로 사용하게 되면, 첫째, 아동의 행동이 더 나아지고 걱정스러운 결과가 예방되며, 둘째, 가족이나 가까운 사람들이 격려해 주고, 셋째, 좋은 부모가 되기 위해 애쓴 부모 스스로 자신감을 경험하는 등 세 가지 측면에서 보상을 경험하게 된다는 점을 강조한다.

이 프로그램에 대한 부모의 반응과 느낌에 대해 토의하기

부모집단, 아동집단 모두 포함해서 이 프로그램에 대한 부모의 인상이 어떠한지 전반적인 토의의 장을 열어 본다. 이때 물어볼 만한 질문으로는 다음과 같은 것들이 있다.

* 이 프로그램을 하면서 무엇이 개선되었나요?
* 부모가 생각하기에 아동의 긍정적인 변화를 위해 자신이 기여한 점은 무엇인가요?
* 부모의 개입이 어떻게 도움이 되었나요?
* 미처 다루지 않은 주제 중에 무엇을 다루면 좋겠는지요?

지금 당장은 그다지 도움이 되지 않아 보여도 워크북을 잘 보관해 두었다가 향후에 열린 마음으로 다시 시도해 보라고 조언한다.

프로그램 종결 축하하기

마지막으로 집단 진행자의 소견, 감사, 느낌 등에 대해 표현한다. 감사함을 표현하고 작별인사를 한다. 만약 파티가 예정되어 있으면, 부모와 집단 진행자가 함께 먹으면서 프로그램이 끝난 것에 대한 느낌과 감사를 표현한다.

참고문헌

American Psychiatric Association. (2000). *Diagnostic and statistical manual of mental disorders* (4th ed., Text Revision). Washington, DC: American Psychiatric Press.

Arseneault, L., Tremblay, R. E., Boulerice, B., & Saucier, J. F. (2002). Obstetric complications and adolescent violent behaviors: Testing two developmental pathways. *Child Development, 73,* 496-508.

August, G. J., Hektner, J. M., Egan, E. A., Realmuto, G. M., & Bloomquist, M. L. (2002). The early risers longitudinal prevention trial: Examination of 3-year outcomes in aggressive children with intent-to-treat and as-intended analyses. *Psychology of Addictive Behaviors, 16,* 27-39.

Baden, A. D., & Howe, G. W. (1992). Mothers' attributions and expectancies regarding their conduct-disordered children. *Journal of Abnormal Child Psychology, 20,* 467-485.

Barry, C. T., Frick, P. J., DeShazo, T. M., McCoy, M., Ellis, M. E., & Loney, B. R. (2000). The importance of callous-unemotional traits for extending the concept of psychopathy to children. *Journal of Abnormal Psychology, 109,* 335-340.

Barry, T. D., Dunlap, S. T., Cotton, S. J., Lochman, J. E., & Wells, K. C. (2005). The influence of maternal stress and distress on disruptive behavior problems in children. *Journal of the American Academy of Child and Adolescent Psychiatry, 44,*

265-273.

Barry, T. D., Dunlap, S., Lochman, J. E., & Wells, K. C. (2008). Inconsistent discipline as a mediator between maternal distress and aggression in boys. *Child and Family Behavior Therapy.*

Barry, T. D., Thompson, A., Barry, C. T., Lochman, J. E., Adler, K., & Hill, K. (2007). The importance of narcissism in predicting proactive and reactive aggression in moderately to highly aggressive children. *Aggressive Behavior, 33,* 185-197.

Barth, J. M., Dunlap, S. T., Dane, H., Lochman, J. E., & Wells, K. C. (2004). Classroom environment influences on aggression, peer relations, and academic focus. *Journal of School Psychology, 42,* 115-133.

Boxmeyer, C. L., Lochman, J. E., Powell, N., Yaros, A., & Wojnaroski, M. (2007). A Case study of the Coping Power Program for angry and aggressive youth. *Journal of Contemporary Psychotherapy, 37,* 165-174.

Brennan, P. A., Grekin, E. R., & Mednick, S. A. (1999). Maternal smoking during pregnancy and adult male criminal outcomes. *Archives of General Psychiatry, 56,* 215-219.

Brestan, E. V., & Eyberg, S. M. (1998). Effective psychosocial treatment of conduct-disordered children and adolescents: 29 years, 82 studies, and 5,272 kids. *Journal of Clinical Child Psychology, 27,* 180-189.

Brinkmeyer, M. Y., & Eyberg, S. M. (2003). Parent-Child Interaction Therapy for oppositional children. In A. E. Kazdin & J. R. Weisz (Eds.), *Evidence-based psychotherapies for children and adolescents* (pp. 204-223). New York: Guilford.

Bry, B. H., Catalano, R. F., Kumpfer, K., Lochman, J. E., & Szapocznik, J. (1999). Scientific findings from family prevention intervention research. In R. Ashery (Ed.), *Family-based prevention interventions.* (pp. 103-129). Rockville, MD: National Institute of Drug Abuse.

Caspi, A., McClay, J., Moffitt, T., Mill, J., Martin, J., Craig, I. W., Taylor, A., et al. (2002). Role of genotype in the cycle of violence in maltreated children. *Science, 297,* 851-854.

Cillessen, A. H., Van Ijzendoorn, H. W., Van Lieshout, C. F., & Hartup, W. W. (1992). Heterogeneity among peer-rejected boys: Subtypes and stabilities. *Child Development, 63,* 893-905.

Cleckley, H. (1976). *The mask of insanity* (5th ed.). St Louis, MO: Mosby.

Colder, C. R., Lochman, J. E., & Wells, K. C. (1997). The moderating effects of children's fear and activity level on relations between parenting practices and childhood symptomatology. *Journal of Abnormal Child Psychology, 25*, 251-263.

Colder, C. R., Mott, J., Levy, S., & Flay, B. (2000). The relation of perceived neighborhood danger to childhood aggression: A test of mediating mechanisms. *American Journal of Community Psychology, 28*, 83-103.

Conduct Problems Prevention Research Group. (1999). Initial impact of the Fast Track prevention trial for conduct problems: I. The high-risk sample. *Journal of Consulting and Clinical Psychology, 67*, 631-647.

Conduct Problems Prevention Research Group. (2002). Evaluation of the first three years of the Fast Track prevention trial with children at high risk of adolescent conduct problems. *Journal of Abnormal Child Psychology, 30*, 19-35.

Conduct Problems Prevention Research Group. (2004a). The effects of the Fast Track program on serious problem outcomes at the end of elementary school. *Journal of Clinical Child and Adolescent Psychology, 33*, 650-661.

Conduct Problems Prevention Research Group. (2004b). The Fast Track experiment: Translating the developmental model into a prevention design. In J. B. Kupersmidt & K. A. Dodge (Eds.), *Children's peer relations: From development to intervention* (pp. 181-208). Washington, DC: American Psychological Association.

Coon, H., Carey, G., Corley, R., & Fulker, D. W. (1992). Identifying children in the Colorado adoption project at risk for conduct disorder. *Journal of the American Academy of Child and Adolescent Psychiatry, 31*, 503-511.

Crick, N. R., & Werner, N. E. (1998). Response decision processes in relational and overt aggression. *Child Development, 69*, 1630-1639.

Dabbs, J. M., & Morris, R. (1990). Testosterone, social class, and antisocial behavior in a sample of 4,462 men. *Psychological Science, 1*, 209-211.

Dadds, M. R., & Powell, M. B. (1992). The relationship of interparental conflict and global marital adjustment to aggression, anxiety, and immaturity in aggressive and nonclinic children. *Journal of Abnormal Child Psychology, 19*, 553-567.

Delaney-Black, V., Covington, C., Templin, T., Ager, J., Nordstrom-Klee, B., Martier, S., Leddick, L., et al. (2000). Teacher-assessed behavior of children prenatally exposed to cocaine. *Pediatrics, 106,* 782-791.

Dishion, T. J., & Andrews, D. W. (1995). Preventing escalation in problem behavior with high-risk adolescents: Immediate and 1-year outcomes. *Journal of Consulting and Clinical Psychology, 63,* 538-548.

Dishion, T. J., Andrews, D. W., & Crosby, L. (1995). Antisocial boys and their friends in early adolescence: Relationship characteristics, quality, and interactional process. *Child Development, 66,* 139-151.

Dix, T., & Lochman, J. E. (1990). Social cognition and negative reactions to children: A comparison of mothers of aggressive and nonaggressive boys. *Journal of Social and Clinical Psychology, 9,* 418-438.

Dodge, K. A., Dishion, T. J., & Lansford, J. E. (2006). *Deviant peer influences in programs for youth.* New York: Guilford.

Dodge, K. A., Laird, R., Lochman, J. E., Zelli, A., & Conduct Problems Prevention Research Group (2002). Multi-dimensional latent construct analysis of children's social information processing patterns: Correlations with aggressive behavior problems. *Psychological Assessment, 14,* 60-73.

Dodge, K. A., Lochman, J. E., Harnish, J. D., Bates, J. E., & Pettit, G. S. (1997). Reactive and proactive aggression in school children and psy-chiatrically impaired chronically assaultive youth. *Journal of Abnormal Psychology, 106,* 37-51.

Dodge, K. A., Pettit, G. S., & Bates, J. E. (1994). Socialization mediators of the relation between socioeconomic status and child conduct problems. *Child Development, 65,* 649-665.

Dodge, K. A., Pettit, G. S., McClaskey, C. L., & Brown, M. M. (1986). Social competence in children. *Monographs of the Society for Research in Child Development, 51,* 1-85.

Dunn, S. E., Lochman, J. E., & Colder, C. R. (1997). Social problem-solving skills in boys with conduct and oppositional disorders. *Aggressive Behavior, 23,* 457-469.

Erath, S. A., Bierman, K. L., & Conduct Problems Prevention Research Group. (2006). Aggressive marital conflict, maternal harsh punishment, and child aggressive-disruptive behavior: Evidence for direct and indirect relations. *Journal of Family Psychology, 20,* 217-226.

Farrington, D. P. (1993). Understanding and preventing bullying. In M. Tonry (Ed.),

Crime and justice (Vol. 17, pp. 381-458). Chicago: University of Chicago.

Fisher, P. A., & Chamberlain, P. (2000). Multidimensional Treatment Foster Care: A program for intensive parenting, family support, and skill building. *Journal of Emotional and Behavioral Disorders, 8,* 155-164.

Fite, P. J., Colder, C. R., Lochman, J. E., & Wells, K. C. (2006). The mutual influence of parenting and boys' externalizing behavior problems. *Journal of Applied Developmental Psychology, 27,* 151-164.

Forehand, R., Sturgis, E. T., McMahon, R.J., Aguar, D., Green, K., Wells, K., & Breiner, J. (1979). Parent behavioral training to modify child noncompliance: Treatment generalization across time and from home to school. *Behavior Modification, 3,* 3-25.

Gouze, K. R. (1987). Attention and social problem solving as correlates of aggression in preschool males. *Journal of Abnormal Child Psychology, 15,* 181-197.

Greenberg, M. T., Domitrovich, C., & Bumbarger, B. (2001). The prevention of mental disorders in school-aged children: Current state of the field. *Prevention and Treatment, 4, Available on the World Wide Web: http://journals.apa.org/prevention/volume4/*pre0040001c.html.

Greenberg, M. T., Lengua, L. J., Coie, J. D., Pinderhughes, E. E., & Conduct Problems Prevention Research Group. (1999). Predicting developmental outcomes at school entry using a multiple-risk model: Four American communities. *Developmental Psychology, 35,* 403-417.

Guerra, N. G., Huesmann, L. R., & Spindler, A. (2003). Community violence exposure, social cognition, and aggression among urban elementary school children. *Child Development, 74,* 1561-1576.

Guerra, N. G., Huesmann, L. R., Tolan, P. H., VanAcker, R., & Eron, L. D. (1995). Stressful events and individual beliefs as correlates of economic disadvantage and aggression among urban children. *Journal of Consulting and Clinical Psychology, 63,* 513-528.

Haapasalo, J., & Tremblay, R. (1994). Physically aggressive boys from ages 6 to 12: Family background, parenting behavior, and prediction of delinquency. *Journal of Consulting and Clinical Psychology, 62,* 1044-1052.

Hart, R. D., & Hare, R. D. (1997). Psychopathy: Assessment and association with criminal conduct. In D. M. Stoff, J. Breiling, & J. D. Maser (Eds.), *Handbook of antisocial behavior* (pp. 22-35). New York: Wiley.

Henggler, S. W., Melton, G. B., & Smith, L. A. (1992). Family preservation using multisystemic therapy: An effective alternative to incarcerating serious juvenile offenders. *Journal of Consulting and Clinical Psychology, 60,* 953-961.

Hill, L. G., Lochman, J. E., Coie, J. D., Greenberg, M. T., & Conduct Problems Prevention Research Group (2004). Effectiveness of early screening for externalizing problems: Issues of screening accuracy and utility. *Journal of Consulting and Clinical Psychology, 72,* 809-820.

Hinshaw, S. P., Lahey, B. B., & Hart, E. L. (1993). Issues of taxonomy and comorbidity in the development of conduct disorder. *Development and Psychopathology, 5,* 31-49.

Hinshaw, S. P., & Lee, S. S. (2003). Conduct and Oppositional Defiant Disorders. In E. J. Mash & R. A. Barkley (Eds.), *Child Psychopathology* (2nd ed., pp. 144-198). New York: Guilford Press.

Ingoldsby, E. M., & Shaw, D. S. (2002). Neighborhood contextual factors and early-starting antisocial pathways. *Clinical Child and Family Psychology Review, 5,* 21-55.

Ireland, J. L., & Archer, J. (2004). Association between measures of aggression and bullying among juvenile and young offenders. *Aggressive Behavior, 30,* 29-42.

Jackson, M. F., Barth, J. M., Powell. N., & Lochman, J. E. (2006). Classroom contextual effects of race on children's peer nominations. *Child Development, 77,* 1325-1337.

Joffe, R. D., Dobson, K. S., Fine, S., Marriage, K., & Haley, G. (1990). Social problem-solving in depressed, conduct-disordered, and normal adolescents. *Journal of Abnormal Child Psychology 18,* 565-575.

Kazdin, A. E., Siegel, T., & Bass, D. (1992). Cognitive problem-solving skills training and parent management training in the treatment of antisocial behavior in children. *Journal of Consulting and Clinical Psychology,* 60, 733-747.

Kellam, S. G., Ling, X., Mersica, R., Brown, C. H., & Ialongo, N. (1998). The effect of the level of aggression in the first grade classroom on the course of malleability of aggressive behavior into middle school. *Development and Psychopathology, 10,* 165-185.

Kelly, J. J., Davis, P. O., & Henschke, P. N. (2000). The drug epidemic: Effects on newborn infants and health resource consumption at a tertiary perinatal centre. *Pediatric Child Health, 36,* 262-264.

Klein, N. C., Alexander, J. F., & Parsons, B. V. (1977). Impact of family systems intervention on recidivism and sibling delinquency: A model of primary prevention and program evaluation. *Journal of Consulting and Clinical Psychology, 45,* 469-474.

Kupersmidt, J. B., Griesler, P. C., DeRosier, M. E., Patterson, C. J., & Davis, P. W. (1995). Childhood aggression and peer relations in the context of family and neighborhood factors. *Child Development, 66,* 360-375.

Leff, S. S., Power, T. J., Manz, P. H., Costigan, T. E., & Nabors, L. A. (2001). School-based aggression prevention programs for young children: Current status and implications for violence prevention. *School Psychology Review, 30,* 344-363.

Lochman, J. E. (1992). Cognitive-behavioral interventions with aggressive boys: Three-year follow-up and preventive effects. *Journal of Consulting and Clinical Psychology, 60,* 426-432.

Lochman, J. E. (2004). Contextual factors in risk and prevention research. *Merrill Palmer Quarterly, 50,* 311-325.

Lochman, J. E. (2006). Translation of research into interventions. *International Journal of Behavioral Development, 31,* 31-38.

Lochman, J. E., Barry, T. D., Powell, N., Boxmeyer, C., & Holmes, K. (2008). Externalizing conditions. In M. L. Wolraich, P. H. Dworkin, D. D. Drotar, & E. C. Perrin (Eds.), *Developmental and behavioral pediatrics: Evidence and Practice. Philadelphia: Elsevier.*

Lochman, J. E., Boxmeyer, C. L., Powell, N. P., Roth, D., & Windle, M. (2006). Masked intervention effects: Analytic methods for addressing low dosage of intervention. *New Directions for Evaluation, 110,* 19-32.

Lochman, J. E., Boxmeyer, C., Powell, N., Wojnaroski, M., & Yaros, A. (2008).The use of the Coping Power Program to treat a 10-year old girl with disruptive behaviors: A case study. *Journal of Clinical Child and Adolescent Psychology.*

Lochman, J. E., Burch, P. R., Curry, J. F., & Lampron, L. B. (1984). Treatment and generalization effects of cognitive behavioral and goal setting interventions with aggressive boys. *Journal of Consulting and Clinical Psychology, 52,* 915-916.

Lochman, J. E., Coie, J. D., Underwood, M., & Terry, R. (1993). Effectiveness of a social relations interventions program for aggressive and nonaggressive rejected children. *Journal of Consulting and Clinical Psychology, 61,* 1053-1058.

Lochman, J. E., & Conduct Problems Prevention Research Group (1995). Screening of child behavior problems for prevention programs at school entry. *Journal of Consulting and Clinical Psychology, 63,* 549-559.

Lochman, J. E., & Dodge, K. A. (1994). Social-cognitive processes of severely violent, moderately aggressive, and nonaggressive boys. *Journal of Consulting and Clinical Psychology, 62,* 366-374.

Lochman, J. E., & Dodge, K. A. (1998). Distorted perceptions in dyadic interactions of aggressive and nonaggressive boys: Effects of prior expectations, context, and boys' age. *Development & Psychopathology, 10,* 495-512.

Lochman, J. E., FitzGerald, D. P., Gage, S. M., Kannaly, M. K., Whidby, J. M., Barry, T. D., Pardini, D. A., & McElroy, H. (2001). Effects of socialcognitive intervention for aggressive deaf children: The Coping Power Program. *Journal of the American Deafness and Rehabilitation Association, 35,* 39-61.

Lochman, J. E., & Lampron, L. B. (1986). Situational social problem-solving skills and self-esteem of aggressive and nonaggressive boys. *Journal of Abnormal Child Psychology, 14,* 605-617.

Lochman, J. E., Lampron, L. B., Burch, P. R., & Curry, J. F. (1985). Client characteristics associated with behavior change for treated and untreated aggressive boys. *Journal of Abnormal Child Psychology, 18,* 527-538.

Lochman, J. E., Magee, T. N., & Pardini, D. (2003). Cognitive behavioral interventions for children with conduct problems. In M. Reinecke & D. Clark (Eds.), *Cognitive therapy over the lifespan: Theory, research and practice* (pp. 441-476). Cambridge, England: Cambridge University Press.

Lochman, J. E., Nelson, W. M. III, & Sims, J. P. (1981). A cognitive behavioral program for use with aggressive children. *Journal of Clinical Child Psychology, 10,* 146-148.

Lochman, J. E., Pardini, D. A., Phillips, N. C., & McElroy, H. K. (2005). Conduct disorder in adolescence. In P. Graham (Ed.), *Cognitive behaviour therapy for children and families* (2nd ed., pp. 443-458). Cambridge, England: Cambridge

University Press.

Lochman, J. E., Powell, N. R., Jackson, M. F., & Czopp, W. (2006). Cognitive-behavioral psychotherapy for conduct disorder: The Coping Power Program. In W. M. Nelson III, A. J. Finch & K. J. Hart (Eds.), *Comparative treatment of conduct disorder* (pp. 177-215). New York: Springer.

Lochman, J. E., Powell, N. R., Whidby, J. M., & FitzGerald, D. P. (2006). Cognitive-behavioral assessment and treatment with aggressive children. In P. C. Kendall (Ed.), *Child and Adolescent Therapy: Cognitive-Behavioral Procedures* (3rd ed., pp. 33-81). New York: Guilford.

Lochman, J. E., Qu, L., Chen, L., Roth, D., Barth, J., & Wells, K. C. (2007, March). Influence of neighborhood characteristics on the Coping Power program's effects on children's behavior and parenting processes. Paper presented in a symposium (S. F. Reardon & D. Gorman-Smith, chairs) at the biennial meeting of the Society for Research in Child Development, Boston, Massachusetts.

Lochman, J. E, & Wayland, K. K. (1994). Aggression, social acceptance, and race as predictors of negative adolescent outcomes. *Journal of the American Academy of Child and Adolescent Psychiatry, 33,* 1026-1035.

Lochman, J. E., Wayland, K. K., & White, K. J. (1993). Social goals: Relationship to adolescent adjustment and to social problem solving. *Journal of Abnormal Child Psychology, 21,* 135-151.

Lochman, J. E., & Wells, K. C. (2002a). Contextual social-cognitive mediators and child outcome: A test of the theoretical model in the Coping Power Program. *Development and Psychopathology, 14,* 971-993.

Lochman, J. E., & Wells, K. C. (2002b). The Coping Power Program at the middle school transition: Universal and indicated prevention effects. *Psychology of Addictive Behaviors, 16,* S40-S54.

Lochman, J. E., & Wells, K. C. (2003). Effectiveness study of Coping Power and classroom intervention with aggressive children: Outcomes at a one-year follow-up. *Behavior Therapy, 34,* 493-515.

Lochman, J. E., & Wells, K. C. (2004). The Coping Power Program for preadolescent aggressive boys and their parents: Outcome effects at the one-year follow-up. *Journal of Consulting and Clinical Psychology, 72,* 571-578.

Lochman, J. E., Wells, K. C., & Murray, M. (2007). The Coping Power program: Preventive intervention at the middle school transition. In P. Tolan, J. Szapocznik, & S. Sambrano (Eds.), *Preventing youth substance abuse: Science-based programs for children and adolescents* (pp. 185-210). Washington, DC: American Psychological Association.

Loeber, R. (1990). Development and risk factors of juvenile antisocial behavior and delinquency. *Clinical Psychology Review, 10,* 1-42

Loeber, R., Green, S. M., Keenan, K., & Lahey, B. B. (1995). Which boys will fare worse?: Early predictors of the onset of conduct disorder in a six-year longitudinal study. *Journal of the American Academy of Child and Adolescent Psychiatry, 34,* 499-509.

Loeber, R., & Stouthamer-Loeber, M., (1998). Development of juvenile aggression and violence: Some common misconceptions and controversies. *American Psychologist, 53,* 242-259.

Luthar, S. S. (1999). *Poverty and children's adjustment. New York: Sage. Masten, A. S., Best, K. M., & Garmezy, N.* (1990). Resilience and development: Contributions from the study of children who overcome adversity. *Development and Psychopathology, 2,* 425-444.

McCarty, C. A., McMahon, R. J., & Conduct Problems Prevention Research Group (2003). Mediators of the relation between maternal depressive symptoms and child internalizing and disruptive behavior Disorders. *Journal of Family Psychology, 17,* 545-556.

Milich, R., & Dodge, K. A. (1984). Social information processing in child psychiatric populations. *Journal of Abnormal Child Psychology, 12,* 471-489.

Miller-Johnson, S., Coie, J. D., Maumary-Gremaud, A., Bierman, K., & Conduct Problems Prevention Research Group (2002). Peer rejection and aggression and early starter models of conduct disorder. *Journal of Abnormal Child Psychology, 30,* 217-230.

Miller-Johnson, S., Coie, J. D., Maumary-Gremaud, A., Lochman, J. E., & Terry, R. (1999). Relationship between childhood peer rejection and aggression and adolescent delinquency severity and type among African American youth. *Journal of Emotional and Behavioral Disorders, 7,* 137-146.

Nagin, D., Pogarsky, G., & Farrington, D. (1997). Adolescent mothers and the criminal behavior of their children. *Law and Society, 31,* 137-162.

Pakasiahti, L., Asplund-Peltola, R., & Keltlkangas-Jarvinen, L. (1996). Parents' social problem solving strategies in families with aggressive and nonaggressive boys. *Aggressive Behavior, 22,* 345-356.

Pardini, D. A., Barry, T. D., Barth, J. M., Lochman, J. E., & Wells, K. C. (2006). Self-perceived social acceptance and peer social standing in children with aggressive-disruptive behaviors. *Social Development, 15,* 46-64.

Pardini, D. A., Lochman, J. E., & Frick, P. J. (2003). Callous/unemotional traits and social cognitive processes in adjudicated youth. *Journal of the American Academy of Child and Adolescent Psychiatry, 42,* 364-371.

Pardini, D. A., Lochman, J. E., & Powell, N. (2007). Shared or unique developmental pathways to callous-unemotional traits and antisocial behavior in children? *Journal of Clinical Child and Adolescent Psychology, 36,* 319-333.

Pardini, D., Lochman, J. E., & Wells, K. C. (2004). Negative emotions and alcohol use initiation in high-risk boys: The moderating effect of good inhibitory control. *Journal of Abnormal Child Psychology, 32,* 505-518.

Patterson, G. R., Reid, J. B., & Dishion T. J. (1992). *Antisocial boys. Eugene, OR: Castalia.*

Patterson, G. R., Reid, J. B., Jones, R. R., & Conger, R. E. (1975). *A social learning approach: Vol. 1. Families with aggressive children.* Eugene, OR: Castalia.

Pepler, D. J., Craig, W. M., & Roberts, W. I. (1998). Observations of aggressive and nonaggressive children on the school playground. *Merrill-Palmer Quarterly, 44,* 55-76.

Pinderhughes, E. E., Nix, R., Foster, E. M., Jones, D., & Conduct Problems Prevention Research Group (2001). Parenting in context: Impact of neighborhood poverty, residential stability, public services, social networks and danger on parental behaviors. *Journal of Marriage and Family, 63,* 941-953.

Rabiner, D. L., Lenhart, L., & Lochman, J. E. (1990). Automatic *vs. reflective social problem solving in relation to children's sociometric status. Developmental Psychology, 26,* 1010-1026.

Raine, A., Brennan, P., & Mednick, S. A. (1997). Interactions between birth complications and early maternal rejection in predisposing individuals to adult violence: Specificity to serious, early onset violence. *American Journal of Psychiatry, 154,* 1265-1271.

Rasanen, P., Hakko, H., Isobarmi, M., Hodgins, S., Jarvelin, M. R., & Tiihonen, J. (1999). Maternal smoking during pregnancy and risk of criminal behavior among male offspring in the northern Finland 1996 birth cohort. *American Journal of Psychiatry, 156,* 857-862.

Rigby, K. (1996). *Bullying in schools and what to do about it.* London: Jessica Kingsley.

Sampson, J. H., & Laub, R. J. (1993). *Crime in the making: Pathways and turning points through life.* Cambridge, MA: Harvard University Press.

Scaramella, L. V., & Conger, R. D. (2003). Intergenerational continuity of hostile parenting and its consequences: The moderating influence of children's negative emotional reactivity. *Social Development, 12,* 420-439.

Scarpa, A., Bowser, F. M., Fikretoglu, D., Romero, N., & Wilson, J. W. (1999). Effects of community violence II: Interactions with psychophysiologic functioning. *Psychophysiology, 36* (Supplement), 102.

Scarpa, A., & Raine, A. (2000). Violence associated with anger and impulsivity. In J. C. Borod (Ed.), *The neuropsychology of emotion* (pp. 320-339). London: Oxford University Press.

Schwab-Stone, M. E., Ayers, T. S., Kasprow, W., Voyce, C., Barone, C., Shriver, T., & Weissberg, R. P. (1995). No safe haven: A study of violence exposure in an urban community. *Journal of the American Academy of Child and Adolescent Psychiatry, 34,* 1343-1352.

Shaw, D. S., Keenan, K., & Vondra, J. I. (1994). The developmental precursors of antisocial behavior: Ages 1-3. *Developmental Psychology, 30,* 355-364.

Shaw, D. S., & Vondra, J. I. (1995). Infant attachment security and maternal predictors of early behavior problems: A longitudinal study of lowincome families. *Journal of Abnormal Child Psychology, 26,* 407-414.

Tremblay, R. E., & LeMarquand, D. (2001). Individual risk and protective factors. In R. Loeber & D. P. Farrington (Eds.), *Child delinquents: Development, intervention, and service needs* (pp. 137-164). Thousand Oaks, CA: Sage.

van de Wiel, N. M. H., Matthys, W., Cohen-Kettenis, P. T., Maassen, G. H., Lochman,

J. E., & van Engeland, H. (2007). The effectiveness of an experimental treatment when compared with care as usual depends on the type of care as usual. *Behavior Modification, 31,* 298-312.

Van de Wiel, N. M. H., Matthys, W., Cohen-Kettenis, P., & van Engeland, H. (2003). Application of the Utrecht Coping Power program and care as usual to children with Disruptive Behavior Disorders in outpatient clinics: A comparative study of cost and course of treatment. *Behavior Therapy, 34,* 421-436.

Vitaro, F., Brendgen, M., Pagani, L., Tremblay, R. E., & McDuff, P. (1999). Disruptive behavior, peer association, and conduct disorder: Testing the developmental links through early intervention. *Development and Psychopathology, 11,* 287-304.

Wasserman, G. A., & Seracini, A. M. (2001). Family risk factors and interventions. In R. Loeber & D. P. Farrington (Eds.), *Child delinquents: Development, intervention, and service needs* (pp. 165-189). Thousand Oaks, CA: Sage.

Webster-Stratton, C. (1984). Randomized trial of two parent-training programs for families with conduct-disordered children. *Journal of Consulting & Clinical Psychology, 52,* 666-678.

Webster-Stratton, C. (1994). Advancing videotape parent training: A comparison study. *Journal of Consulting and Clinical Psychology, 62,* 583-593.

Webster-Stratton, C., & Hammond, M. (1997). Treating children with early-onset conduct problems: A comparison of child and parent training interventions. *Journal of Consulting and Clinical Psychology, 65,* 93-109.

Webster-Stratton, C, & Reid, M. J. (2003). The Incredible Years Parents, Teachers, and Children Training Series. In A. E. Kazdin & J. R. Weisz (Eds.), *Evidence-based psychotherapies for children and adolescents* (pp. 224-240). New York: Guilford.

Weiss, B., Dodge, K. A., Bates, J. E., & Petit, G. S. (1992). Some consequences of early harsh discipline: Child aggression and maladaptive social information processing style. *Child Development, 63,* 1321-1335.

Williams, S. C., Lochman, J. E., Phillips, N. C., & Barry, T. D. (2003). Aggressive and nonaggressive boys' physiological and cognitive processes in response to peer provocations. *Journal of Clinical Child & Adolescent Psychology, 32,* 568-576.

Zelli, A., Dodge, K. A., Lochman, J. E., Laird, R. D., & Conduct Problems Prevention Research Group. (1999). The distinction between beliefs legitimizing aggression and deviant processing of social cues: Testing measurement validity and the hypothesis that biased processing mediates the effects of beliefs on aggression. *Journal of Personality and Social Psychology, 77,* 150-166.

Zonnevylle-Bender, M. J. S., Matthys, W., van de Wiel, N. M. H., & Lochman, J. (2007). Preventive effects of treatment of DBD in middle childhood on substance use and delinquent behavior. *Journal of the American Academy of Child and Adolescent Psychiatry, 46,* 33-39.

찾아보기

저자 소개

Karen C. Wells

듀크대학교 의료센터의 정신의학 및 행동과학 부서에서 의학심리학 부교수로서 재직하였으며, 가족연구프로그램 책임자 및 심리 인턴십 책임자이기도 하다. 주의력결핍 과잉행동장애, 적대적 반항장애, 우울증, 청소년 자살 같은 아동 · 청소년기의 정신질환에 대한 심리사회적 원인 및 치료 분야에서 널리 알려져 있는데, 특히 가족, 양육 요인 분야 연구에서 유명하다. 지난 15년간 Lochman과 함께 대처능력 프로그램을 개발해 왔다.

John E. Lochman

앨라배마대학교 임상심리학 교수이자 학과장이며, 청소년 행동문제 예방센터 책임자이기도 하다. 아동의 공격성 예방요인, 사회인지, 공격적 아동에 대한 개입 및 예방 연구, 대처능력 프로그램 효과성 연구 등에 관한 240개가 넘는 논문과 저서를 출간하였다. 『아동 이상심리학 학술지(Journal of Abnormal Child Psychology)』의 편집장이며, 미국 국립보건원의 심리사회발달, 위험요인과 예방요인 분과위원으로 있으며, 미국 임상 아동 · 청소년 심리학 위원회(American Board for Clinical Child and Adolescent Psychology)의 회장이기도 하다.

Lisa A. Lenhart

매릴랜드 치료학습센터(Treatment and Learning Centers, TLC)의 평가교습부서에서 수석심리학자이다. 아동 임상심리학자로서 지난 15년간 다양한 어려움을 가진 아동이 보다 잘 기능하도록 연구에 기반한 치료법을 이용하여 진단 및 치료서비스를 제공해 왔다. 수많은 전문가와 학생들에게 슈퍼비전을 해 주었으며, 다양한 전문가가 모인 팀에서 다른 전문가들에게도 자문해 왔다. 현재는 이 기관에서 행해지는 모든 심리평가와 치료의 질을 보장하기 위한 치료학습센터의 평가부서를 감독하고 있다. 지난 3년간 대처능력 프로그램의 프로젝트 코디네이터였으며, 이 프로그램을 통해 개발된 전략을 아동과 가족에게 꾸준히 적용해 오고 있다.

역자 소개

박준성(Park Junesung)

한양대학교 의과대학을 졸업하고 동 대학에서 석사학위를 받았다. 국립서울정신병원(현 국립정신건강센터)에서 전공의 수련을 받고, 2002년 정신건강의학과 전문의가 되었으며, 2005년 서울대학교 소아정신과에서 임상강사를 마치고 소아정신과 전문의가 되었다. 2007년 부천에 '두드림 정신건강의학과'를 개원하여 현재까지 진료하고 있으며, 소아청소년 정신의학회 산하 홍보위원회, 대한정서인지행동의학회, 한국인지행동치료학회, 임상인지행동연구회 등에서 활동 중이다. 관심 영역은 자살, 반항, ADHD, 3세대 인지행동치료, 부모교육, 사회기술훈련 등이다.

대처능력 프로그램 가이드북
아동·청소년의 분노조절 부모교육
Coping Power: Parent Group Program

2019년 1월 30일 1판 1쇄 발행
2020년 4월 10일 1판 2쇄 발행

지은이 • Karen C. Wells · John E. Lochman · Lisa A. Lenhart
옮긴이 • 박 준 성
펴낸이 • 김 진 환
펴낸곳 • (주) 학지사
04031 서울특별시 마포구 양화로 15길 20 마인드월드빌딩 5층
대표전화 • 02) 330-5114 팩스 • 02) 324-2345
등록번호 • 제313-2006-000265호
홈페이지 • http://www.hakjisa.co.kr
페이스북 • https://www.facebook.com/hakjisabook

ISBN 978-89-997-1715-4 93180

정가 17,000원

이 도서의 국립중앙도서관 출판시도서목록(CIP)은 서지정보유통지원시스템 홈페이지(http://seoji.nl.go.kr)와 국가자료공동목록시스템(http://www.nl.go.kr/kolisnet)에서 이용하실 수 있습니다.
(CIP제어번호: CIP2018037161)